Inhaltsverzeichnis

Vorwort

Liebe Kolleg*innen,

die kalte Jahreszeit ist angebrochen. Die Natur hat sich im Herbst so verändert, dass sie uns im Winter oft ungemütlich und trist erscheint. Die Bäume und Sträucher sind kahl, die Blumen blühen nicht, die Tiere haben sich größtenteils verkrochen, zum Schlafen hingelegt oder sind in wärmere Gebiete übergesiedelt.
Aber ganz so farblos und langweilig, wie es uns erscheint, ist der Winter gar nicht. Die Natur hat in der kalten Jahreszeit einiges an erstaunlichen Naturerscheinungen zu bieten. Schnee und Eis beispielsweise sind spannende Phänomene, die es zu entdecken gilt und die auf Kinder eine unglaubliche Faszination ausüben. Mit Feuereifer sind diese dabei, Schneemänner zu bauen und Hügel hinunter zu rodeln, sobald die ersten Schneeflocken gefallen sind. Unseren Kindern wird es dabei selten zu kalt oder ungemütlich. Sie wollen nach draußen und die Winternatur erkunden – und das mit allen Sinnen!
Was machen die Tiere im Winter? – Wie entsteht eigentlich Schnee und wie sehen Schneekristalle aus? – Was ist Eis und was kann man damit machen? – Welche Bäume sind auch im Winter grün? Diesen und anderen Fragen werden wir im Projekt „Winter“ nachgehen und beantworten. Eine große Winter-Olympiade für die ganze Familie rundet das Thema ab.

In dieser Projektmappe finden Sie zahlreiche praktisch erprobte Anregungen, mit deren Hilfe Sie den Kindern die kalte Jahreszeit näherbringen können. Dabei werden alle Bildungsbereiche angesprochen, sodass dieses Projekt, unter Berücksichtigung der verschiedenen Bildungs- und Erziehungspläne, in allen Bundesländern durchgeführt werden kann.
Die Angebote sind in der Mappe ihrem jeweiligen Schwerpunkt zugeordnet, decken aber, auch je nach Zielsetzung der Erzieherin, oft mehrere Bildungsbereiche ab. Zu jedem Angebot finden Sie eine Materialliste, eine ausführliche Spielanleitung (ggf. mit Varianten für ältere oder jüngere Kinder) sowie Kopiervorlagen. Sämtliche Angebote sind so ausgewählt, dass sie mit der Altersgruppe von 2- bis 6-jährigen Kindern durchführbar sind.

Auch das Thema „Feuer“ bietet sich im Winter an. Dazu ist ein separates Projektheft beim BVK Buch Verlag Kempen GmbH erschienen, das als Ergänzung zum Thema „Winter“ dienen kann.

Ich wünsche Ihnen und Ihren Kindern viel Spaß mit dem Projekt „Winter“!

Jenny Hütter

Hinweis:
Aus Gründen der besseren Lesbarkeit wird im Folgenden auf eine sprachliche Differenzierung der Geschlechterbezeichnungen verzichtet. Da die Erzieher*innen in Kindertagesstätten zumeist weiblich sind, haben wir uns hier für die weibliche Form entschieden. Selbstverständlich sind stets alle Geschlechter angesprochen.

Vorbemerkungen und Arbeitshinweise

Zu den verwendeten Symbolen

Bildungsbereiche (jeweils das äußerste Symbol oben rechts auf den Arbeitsblättern):

 Sprachliche Bildung

 Musikalische Bildung

 Ästhetische Erziehung

 Umwelt-, Sach- und Naturbegegnung

 Gesundheit und Ernährung

 Mathematische Bildung

 Feste und Feiern

 Wahrnehmung und Entspannung

 Körpererfahrung und Bewegung

 Sozialerfahrungen

Sonstige Symbole:

 geeignet für die Begabtenförderung

 für unter 3-Jährige geeignet

Layout:

- Die Seiten mit der **Schneeflocke** im Layout unten rechts sind für die Erzieherin gedacht.

- Die Seiten mit dem **Schneemann** unten rechts sind Arbeitsblätter, die direkt mit den Kindern bearbeitet werden können.

Wissenswertes zum Thema „Winter“

Schnee:

Schnee entsteht, wenn in einer Wolke eine ausreichende Luftfeuchtigkeit herrscht und die Temperaturen niedrig genug sind (unter -10 °C). In der Wolke lagern sich die winzigen Wassertropfen an Staubkörnchen (den sogenannten „Kristallisationskeimen“) an. Die so entstandenen Eiskristalle wachsen durch Wasserdampf immer weiter und werden so schwer, dass sie schließlich zu Boden fallen.
Wenn Schnee fällt, sind mehrere Eiskristalle miteinander verklumpt und bilden die uns bekannte Schneeflocke. In den kleinen Abständen zwischen den Eiskristallen befinden sich luftgefüllte Poren, deshalb hat Schnee auch eine sehr geringe Dichte (ein Experiment dazu gibt es auf S. 29: „Die Schneeschmelze“). Dabei hat Neuschnee (frisch gefallener Schnee) mehr Luftanteile (also eine geringere Dichte) als Altschnee, der schon etwas länger liegt. Nimmt man Schnee, der schon plattgetreten, angeschmolzen und wieder festgetreten wurde, so hat dieser wiederum eine höhere Dichte.
Die Eiskristalle sind übrigens immer sechseckig, trotzdem sehen sie alle unterschiedlich aus. Wenn man ein schwarzes Stück Pappe für einige Stunden in das Gefrierfach und anschließend Schneeflocken darauf legt, kann man mit einer Lupe sehr schön die unterschiedliche Struktur der Schneeflocken betrachten. Das macht man aber am besten draußen, da die Schneeflocken ansonsten zu schnell schmelzen.

Der Nordpol:

Am Nordpol (der Arktis) leben Robben, Walrosse, Wale und Eisbären. In der an den Nordpol angrenzenden arktischen Tundra leben die Polarfüchse, Polarwölfe, Schneehasen, Schneehühner, Schneegänse, Rentiere und die Schneeeulen. In der Arktis leben auch die Inuit. Manche dieser Völker wollen auch „Eskimos“ genannt werden, ein Begriff, der von anderen Völkern / Stämmen wiederum abgelehnt wird.
Die Arktis besteht aus Eis, das viele hundert Meter dick ist. Das Nordpolarmeer besteht aus Salzwasser.

Vorbemerkungen und Arbeitshinweise

Von Juni bis August ist, wie bei uns auch, Sommer. Allerdings ist die Sonne hier auch nachts zu sehen. Das heißt dann auch „Polartag“. Je näher man am Nordpol ist, desto länger dauert der Polartag (bis zu einem halben Jahr). Ebenfalls ein halbes Jahr dauert die „Polarnacht“. Dabei geht die Sonne tagsüber nicht auf. Auch im Sommer wird es in der Arktis niemals wirklich warm, da die Sonne immer relativ weit vom Pol entfernt ist. Es wird nur etwas wärmer, sodass das Packeis an den Rändern anschmilzt und aufbricht.

Der Südpol:
Der Südpol und die ihn umgebenden Gebiete werden auch Antarktis genannt. Schnee und Eis bedecken den ganzen Kontinent. Das Eis ist bis zu 4 km dick. Die Schnee- und Eismassen bestehen aus Süßwasser. In den Randgebieten leben Wale, Robben, Seeelefanten, Seeleoparden und Pinguine. Im Gegensatz zum Nordpol leben in der Antarktis keine Menschen. Von Juni bis August ist am Südpol Winter. Die „Polarnacht“ dauert ein halbes Jahr. Von Dezember bis Januar herrscht in der Antarktis Sommer. Der „Polartag“ dauert ebenfalls ein halbes Jahr.

Wintersonnenwende, Tagundnachtgleiche:
In der längsten Nacht des Jahres (21.12.) auf der Nordhalbkugel beginnt astronomisch der eigentliche Winter. (Bei den Meteorologen beginnt er schon am 01.12.) Am Nordpol geht die Sonne an diesem Tag nicht auf. Um den 20.03. herum endet der Winter mit der Tagundnachtgleiche.

Mariä Lichtmess:
40 Tage nach Weihnachten (am 02.02.) wird das Fest der „Darstellung des Herrn“ gefeiert. Der erstgeborene Sohn wird nach jüdischem Brauch nach Jerusalem in den Tempel gebracht und dort Gott geweiht. Als Maria und Josef ihren Sohn Jesus zum Tempel brachten, erkannten Hanna und Simeon in Jesus den Retter und Erlöser, das Licht, das die Völker erleuchtet. Das Fest wurde später immer mehr zum Fest der Gottesmutter Maria, also „Mariä Lichtmess“: „Mariä“ für die Gottesmutter und „Lichtmess“ für Jesus, das Licht der Welt. In der Kirche wurden alle Kerzen gesegnet und es fanden Lichterumzüge statt. Lichtmess war in der katholischen Kirche das Schlussfest der Weihnachtszeit.

Was machen die Tiere im Winter?
Alle Tiere haben eine Methode entwickelt, um sich vor Kälte zu schützen. Viele Tiere bekommen im Winter ein langes und dichtes Winterfell, Vögel können ihr Gefieder aufplustern, einige Tiere fressen sich ein wärmendes Fettpolster an oder sammeln Vorräte für den Winter. Hier sind einige Methoden, wie Tiere sich vor der Kälte und der Nahrungsknappheit schützen können:

- *Auswandern:* Viele Vögel sind Zugvögel, die den Winter in wärmeren Gegenden verbringen, zum Beispiel in Afrika. Zu den Zugvögeln gehören unter anderem der Kuckuck, der Storch, Gänse u. v. m.
- *Fettpolster anfressen:* Einige Tiere fangen im Herbst damit an, sich ein Fettpolster anzufressen, das ihren Körper vor der Kälte schützt.
- *Winterfell:* Viele Tiere, die ein Fell haben, bekommen in der kalten Jahreszeit ein längeres und dichteres Fell, das den Körper vor der Kälte schützt.
- *Wintervorrat:* Einige Tiere, wie zum Beispiel das Eichhörnchen oder die Feldmaus, sammeln Vorräte, die sie verstecken. Im Winter werden diese Vorräte ausgegraben.
- *Winterschlaf:* Es gibt Säugetiere, die den ganzen Winter verschlafen. Diese Tiere fressen sich erst ein Fettpolster an und schlafen im Spätherbst einfach jeden Tag etwas länger. Die Körpertemperatur sinkt immer weiter ab, dadurch benötigt der Körper weniger Energie, bis sie schließlich in den Winterschlaf fallen. Einen Winterschlaf halten zum Beispiel Igel, Siebenschläfer, Hamster, Murmeltiere und Feldmäuse.
- *Winterruhe:* Tiere, die eine Winterruhe halten, wachen im Gegensatz zu Tieren, die Winterschlaf halten, einige Male auf. Sie fressen in den Wachphasen. Einige bringen in dieser Zeit sogar ihre Jungen zur Welt. Winterruhe halten zum Beispiel Bären, Dachse und Eichhörnchen.
- *Winterstarre:* Reptilien und Amphibien fallen im Winter in die Winterstarre. Sie ziehen sich an einen geschützten Platz zurück, ihr Körper kühlt stark ab und sie können sich nicht mehr bewegen. Zu diesen Tieren zählen zum Beispiel Schildkröten, Schlangen und Frösche.

Vorbemerkungen und Arbeitshinweise

Tipps und Anregungen zu den einzelnen Angeboten

Zum Umgang mit den Arbeitsblättern:
Diese Projektmappe enthält auch einige Arbeitsblätter, deren Aufgabenstellung Sie mit den Kindern in Kleingruppen besprechen (vorlesen) müssen.
Für die Aufbewahrung der Arbeitsblätter empfehle ich, je nach Gruppensituation und organisatorischen Bedingungen, verschiedene Möglichkeiten:

- Ablagefächer (alternativ unifarben gestaltete Deckel von Kopierpapierkartons). Die Kinder haben so freien Zugriff auf die darin sortierten Arbeitsblätter und können ihre Aufgaben selbst auswählen.
- Jedes Kind verfügt über einen Schnellhefter, in den die Erzieherin regelmäßig nach Alter und Entwicklungsstand ausgewählte Arbeitsblätter (z. B. zwei Arbeitsblätter pro Woche) einheftet oder gemeinsam mit dem Kind aussucht. Die Kinder wählen die Zeit der Bearbeitung entweder frei oder es gibt festgelegte Zeiten, innerhalb derer das Kind seine Arbeitsblätter bearbeiten kann.
- Die fertiggestellten Arbeitsblätter werden im Schnellhefter oder in einer Sammelmappe / einem Sammelordner abgeheftet bzw. gehören als Anlage zur Bildungsdokumentation oder zum Portfolio.

Zu „Frau Holle“, S. 10–11:
Im Anschluss kann mit den Kindern ein Leporello, Anleitung s. S. 24, gebastelt werden. Auch das „Fingerspiel: Frau Holle“ auf S. 13 kann passend zur Geschichte im Vorfeld oder hinterher mit den Kindern gespielt werden.

Allgemeine Information zu den Bastelarbeiten im Bereich „Ästhetische Erziehung“, ab S. 21:
Fotografieren Sie die Materialzusammenstellung und jeden einzelnen Arbeitsschritt. Kleben Sie die entwickelten Fotos mit der Auflistung der Materialien bzw. mit der dazugehörigen schriftlichen Arbeitsanweisung auf DIN-A5-Karten, nummerieren Sie die Karten in der richtigen Reihenfolge und laminieren Sie diese. So erhalten Sie bebilderte Karten, die Ihre Kinder zum selbstständigen Arbeiten motivieren.

Zu „Die Schneeschmelze“, S. 29:
Der Neuschnee hat eine geringere Dichte als der festgetretene Altschnee. Im Messbecher mit dem Altschnee befindet sich nach dem Schmelzen mehr Wasser als im Messbecher mit dem Neuschnee.

Zu den Rezepten im Bereich „Gesundheit und Ernährung“, ab S. 35:
Zu einigen Rezepten finden Sie auf der S. 38 Bilder mit allen bei diesen Rezepten verwendeten Zutaten und Haushaltsgeräten sowie Pfeile, mit deren Hilfe Sie die Rezepte bei Bedarf als großes Plakat gestalten können. Vergrößern Sie dazu die benötigten Zeichnungen auf dem Kopierer. Mit den vorhandenen Bildern können Sie auch Bildrezepte auf einem DIN-A4-Blatt erstellen, für jedes Kind kopieren und in einem Schnellhefter sammeln. So erhalten die Kinder eine eigene Bild-Rezepte-Mappe.
Achtung: Bitte achten Sie bei allen Rezepten auf eventuelle Lebensmittelunverträglichkeiten der Kinder!

Zum Thema „Vogelfutter“, S. 35–36:
Vögel sollten im Winter zugefüttert werden, wenn der Boden mit Schnee bedeckt ist und anhaltender Nachtfrost herrscht. Dann finden die Vögel nicht mehr genügend Futter.
Körnerfresser sind zum Beispiel Fink, Sperling oder Ammer. Sie freuen sich über Sonnenblumenkerne, Hafer, Weizen oder Mohn. Weichfresser sind zum Beispiel die Amsel oder das Rotkehlchen, sie freuen sich über Haferflocken, Rosinen, Obst und Beeren.

Zu „Vogelfutter 1: Meisenknödel“, S. 35:
Rindertalg bekommt man im November / Dezember beim Metzger, man muss diesen evtl. vorbestellen.

Zusammengesetzte Wörter (1) (ab 5 Jahren)

Material:
Bildkarten „Zusammengesetzte Wörter“ (Vorlage s. u.), Buntstifte, Schere, Laminiergerät und -folie

Vorbereitung:
Die Bildkarten werden kopiert und ausgemalt. Alle Karten ohne Rahmen erhalten eine andere Farbe (gelb für das Eis, braun für den Bären usw.). Die Karten mit Rahmen (aus zwei Wörtern zusammengesetzt) werden mit den zwei entsprechenden Farben markiert (z. B. wird der Eisbär gelb und braun markiert, da er sich aus den Wörtern „Eis“ und „Bär“ zusammensetzt). Anschließend werden die Karten ausgeschnitten und ggf. laminiert.

Spielmöglichkeit:
Die Bildkarten mit dem Rahmen werden gemischt und verdeckt auf einen Stapel gelegt. Die übrigen Karten werden, mit dem Bild nach oben, in die Mitte gelegt.
Der erste Spieler beginnt und zieht eine Karte. Er legt sie vor sich ab und benennt das Bild. Kann er dies nicht, dürfen die anderen Kinder/die Erzieherin helfen. Hat der Spieler bspw. einen „Schneeball“ gezogen, so setzt sich das Wort aus den Wörtern „Schnee“ und „Ball“ zusammen.
Der Spieler überlegt, aus welchen beiden Wörtern sein Wort besteht. Dann nimmt er die beiden entsprechenden Karten, legt sie nebeneinander und benennt, was darauf abgebildet ist, zum Beispiel:
„Ich habe den ‚Schnee‘ und den ‚Ball‘, das ergibt den ‚Schneeball‘.“
Stimmt die Antwort, darf der Spieler die Karte behalten. Zur Kontrolle wird überprüft, ob die Farben der beiden gezogenen Karten mit den Farben auf der Karte mit dem Rahmen übereinstimmen. Die andren Karten werden wieder in die Mitte gelegt. Nun ist der nächste Spieler an der Reihe. Beendet ist das Spiel, wenn der Stapel aufgebraucht ist. Es gewinnt der Spieler, der die meisten Karten vor sich liegen hat.

Eisbär	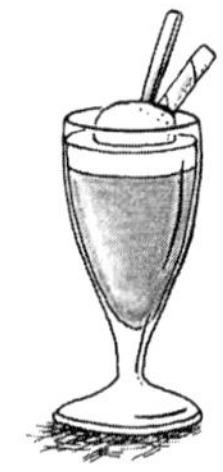 Eiskaffee	 Eiswürfel	 Schneeball
 Schneestiefel	 Schneeanzug	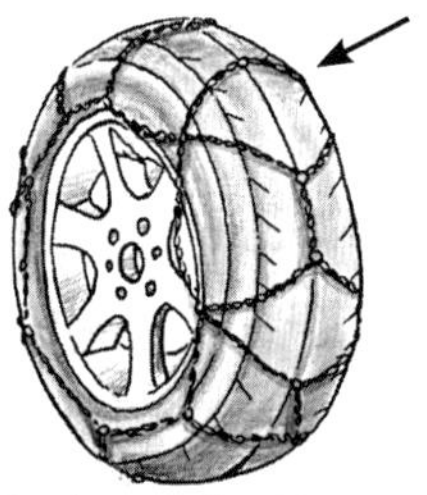 Schneeketten	 Schneeeule
 Schneeglöckchen	 Schneemann	 Schneehase	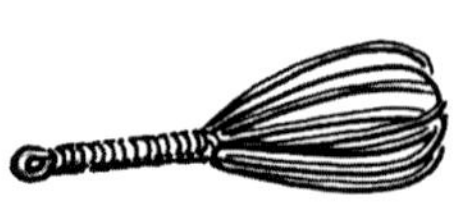 Schneebesen

Zusammengesetzte Wörter (2) (ab 5 Jahren)

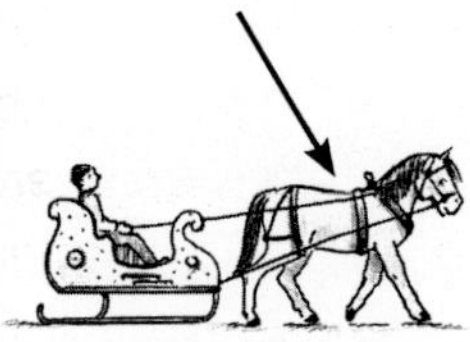

Schlittenpferd

Schlittenhund

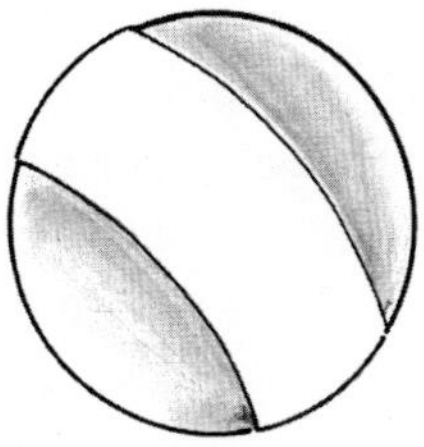

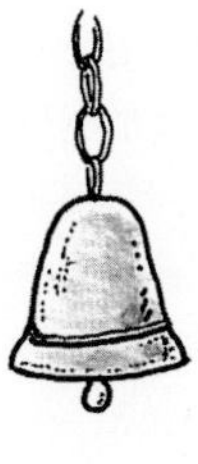

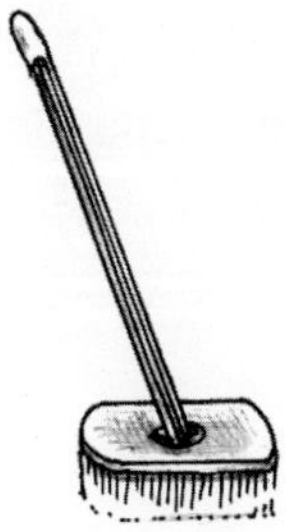

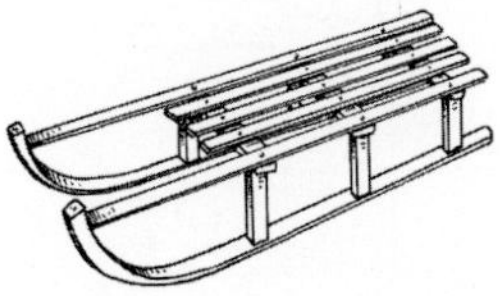

Wintersportarten (1) (ab 3 Jahren)

Material:
Dominokarten „Wintersportarten“ (Vorlage s. S. 9), Buntstifte, Schere, Laminiergerät und -folie

Vorbereitung:
Die Bildkarten werden kopiert, mit den Buntstiften angemalt, ggf. laminiert und ausgeschnitten.

Spielmöglichkeit:
Die Karten werden gemischt und gleichmäßig auf alle Mitspieler verteilt. Diese legen ihre Karten verdeckt vor sich hin. Der erste Spieler nimmt eine Karte, dreht sie herum und benennt die Sportarten, die auf der Karte abgebildet sind.
Dann wird diese Karte in die Mitte gelegt. Der zweite Spieler dreht ebenfalls eine Karte um und benennt, was abgebildet ist. Befindet sich auf seiner Karte dieselbe Wintersportart wie auf der in der Mitte liegenden Karte, so kann er die Karte anlegen. Wenn nicht, dreht er sie wieder um, legt sie zurück und der nächste Spieler ist an der Reihe. Wer als Erster alle Karten ablegen konnte, hat gewonnen.

Variante für jüngere Kinder:
Das Spiel wird mit aufgedeckten Karten gespielt und die Kinder suchen sofort ein passendes Bild heraus.

Hinweis:
Die Karten können auch als Gesprächsanlass im Kreis dienen.
Folgende Fragestellungen könnten zu weiteren Gesprächen anregen:

- Habt ihr schon einmal eine solche Sportart gemacht?
- In welcher Jahreszeit kann man das machen?
- Welche Ausrüstung / Kleidung habt ihr dafür gebraucht?
- Wo kann man das machen?
- Kennt ihr jemanden, der eine solche Sportart macht?

Wintersportarten (2) (ab 3 Jahren)

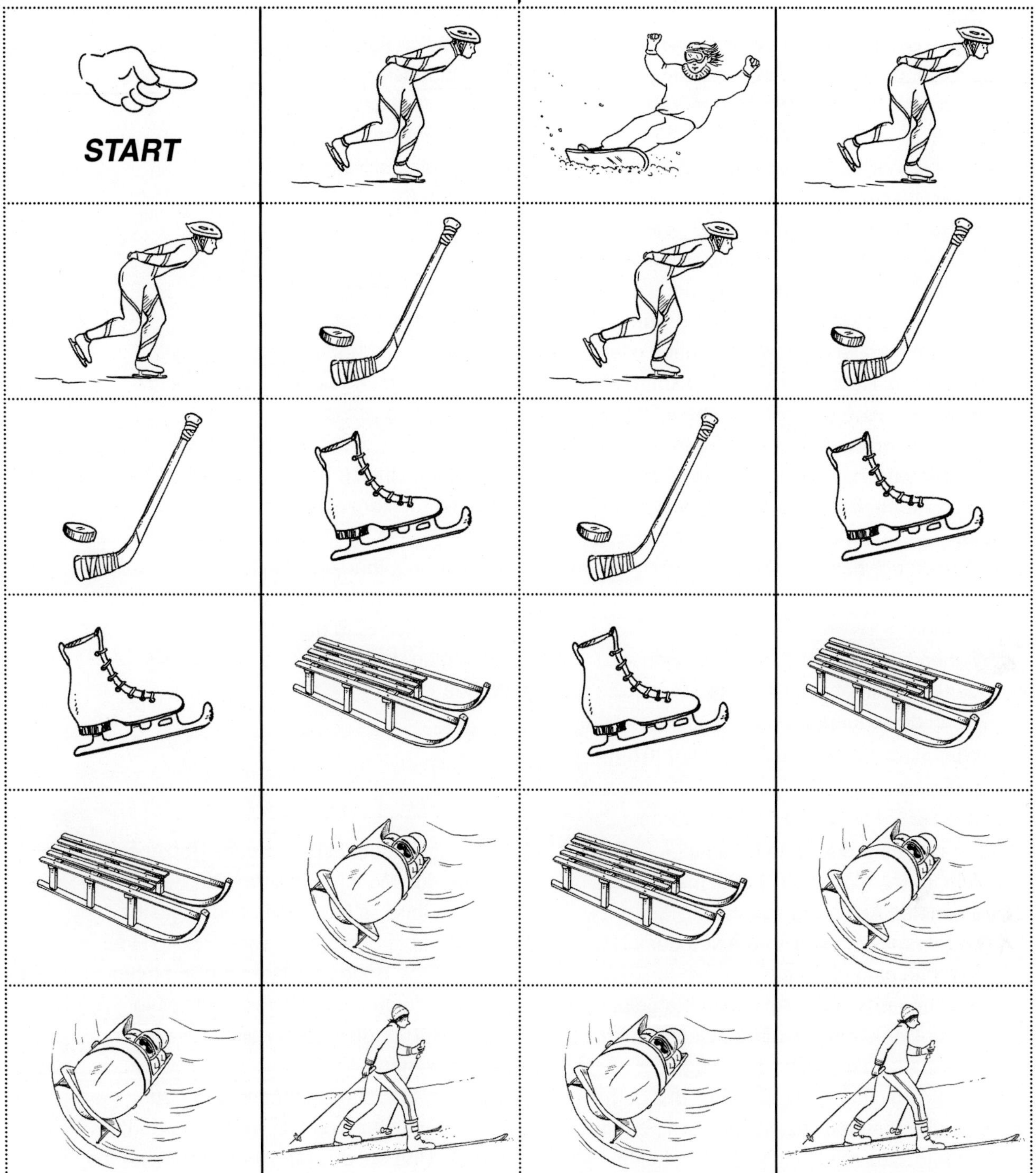

START			
			ZIEL

BVK • Jenny Hütter: Kita aktiv „Projektmappe Winter"

Frau Holle (1) (ab 2 Jahren)

1. Es gab da einmal ein Mädchen, das war schön und fleißig und lieb zu anderen Menschen. Alle im Ort hatten es sehr gerne, weil es so ein liebes Kind war. Leider lebte es bei seiner Stiefmutter, zusammen mit seiner Stiefschwester.
Die Stiefschwester war faul und gemein zu anderen Menschen. Aber ihre Mutter mochte sie lieber als das nette und fleißige Mädchen, da sie ihr eigenes Kind war. Deshalb musste das nette Mädchen alle Arbeiten im Haus verrichten und konnte es der Mutter doch nie recht machen. Täglich musste sich das Mädchen an den Brunnen im Dorf setzen und spinnen, bis seine Finger blutig waren. Eines Tages war die Spule so blutig geworden, dass das Mädchen sie im Brunnen abwaschen wollte. Die Spule fiel ihm aber aus der Hand und verschwand im Brunnen.
Weinend lief das Mädchen nach Hause, aber die Mutter befahl ihm nur:
„Wenn du so tollpatschig bist und die Spule verlierst, so spring halt hinterher und hol sie zurück."

2. Unglücklich lief das Mädchen zurück. Weil es keinen anderen Rat wusste, sprang es in den Brunnen hinein.

Als es aufwachte, befand es sich auf einer wunderschönen grünen Wiese.
Als das Mädchen über die Wiese ging, hörte es eine Stimme:
„Hilfe, hilf mir, zieh mich heraus, sonst verbrenne ich. Ich bin schon längst fertig."
Die Stimme kam aus dem Backofen mitten auf der Wiese. Und als das Mädchen hinüberging, fand es viele Brote im Ofen. Mit dem Brotschieber holte es einen Brotlaib nach dem anderen aus dem Ofen. Dann ging das Mädchen weiter seines Weges.

3. Da hörte es wieder eine Stimme:
„Ach, rüttel mich und schüttel mich.
Alle meine Äpfel sind schon reif."
Die Stimme kam von dem Apfelbaum. Das Mädchen ging hin und rüttelte so lange an dem Stamm, bis alle Äpfel hinuntergefallen waren. Dann legte es alle Äpfel auf einen Haufen und ging weiter des Weges.
Es kam zu einem kleinen Haus, aus dem eine alte Frau mit riesigen Zähnen herausschaute. Das Mädchen wollte vor lauter Angst schon fortlaufen, da sprach die Frau:
„Hab keine Angst, ich bin Frau Holle. Wenn du mir im Haus hilfst und alle Arbeiten gewissenhaft erledigst, so soll es dir gut gehen bei mir. Du musst nur immer schön fleißig mein Bett aufschütteln, dass die Federn nur so fliegen, denn dann schneit es auf der Erde."
Das Mädchen willigte ein und schüttelte jeden Tag das Bett auf, dass die Federn wie Schneeflocken umherflogen.

4. Ihm ging es gut bei Frau Holle. Trotzdem bekam das Mädchen mit der Zeit Heimweh. Das erzählte es Frau Holle und sagte ihr, dass es trotz allem doch wieder nach Hause wollte. Frau Holle konnte es gut verstehen:
„Komm, da du immer so lieb und fleißig warst, will ich dich doch wenigstens noch hinaufbringen."
Und so führte sie das Mädchen bis zum Tor und gab ihm noch die verlorene Spule zurück. Und als das Mädchen darunterstand und Frau Holle das Tor geschlossen hatte, da kam ein Goldregen hernieder. Das Mädchen kam über und über mit Gold bedeckt wieder zu Hause an.
Als es ins Dorf kam, da saß ein Hahn auf dem Brunnen, der rief:
„Kikeriki, kikeriki, unsere Goldmarie ist wieder hie!"
Die Mutter staunte nicht schlecht, als Goldmarie wieder da war und ihre Geschichte erzählte.

BVK • Jenny Hütter: Kita aktiv „Projektmappe Winter"

Frau Holle (2) (ab 2 Jahren)

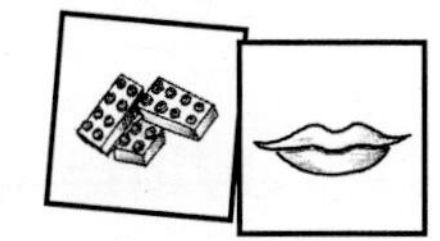

5. Dasselbe Glück wollte die Mutter auch ihrer anderen Tochter zukommen lassen. Diese setzte sich also ebenfalls mit einer Spule an den Brunnen und stach sich in den Finger, bis dieser blutete. Dann warf das Mädchen die Spule in den Brunnen und sprang hinterher.
Als es erwachte, befand es sich ebenfalls auf der wunderschönen Wiese. Und wieder rief es aus dem Ofen:
„Hilfe, Hilfe, zieh mich raus, sonst verbrenne ich. Ich bin schon längst fertig."
Aber das Mädchen antwortete nur:
„Bist du verrückt? Nachher werde ich noch dreckig oder verbrenne mich. Schau selbst zu, wie du zurechtkommst."
Und damit ging es weiter.
Auch der Apfelbaum rief wieder:
„Ach, rüttel mich und schüttel mich. Alle meine Äpfel sind schon reif."
Aber das Mädchen antwortete nur:
„Bist du verrückt? Nachher fällt mir noch ein Apfel auf den Kopf. Schau selbst zu, wie du zurechtkommst."

6. Dann kam es endlich bei Frau Holle an. Am ersten Tag tat das Mädchen seine Arbeit noch, wie ihm aufgetragen wurde. Aber schon am zweiten Tag hatte es keine rechte Lust mehr und ließ die Arbeit sein. Es schüttelte auch nicht Frau Holles Bett auf …
Und was passiert, wenn Frau Holles Bett nicht aufgeschüttelt wird? Das könnt ihr euch sicherlich denken!
Keine Federn flogen und so konnte es auf der Erde auch nicht schneien.

7. Da schickte Frau Holle das Mädchen fort, denn mit so jemandem konnte sie nichts anfangen. Sie brachte das Mädchen noch zum Tor. Als sich das Tor hinter dem Mädchen schloss, freute es sich schon auf den Goldregen. Aber wie bitterlich enttäuscht war es, als anstatt des Goldregens ein großer Kessel voller Pech auf es geschüttet wurde. Im Dorf rief der Hahn:
„Kikeriki, kikeriki, unsere Pechmarie ist wieder hie!"

Und dieses Pech ging auch ihr Leben lang nicht mehr von ihr los.

Winterkleidung (ab 2 Jahren)

Material:
2 Koffer (oder Reisetaschen), Winterkleidung (Schal, Mütze, Handschuhe, dicke Jacke …), Sommerkleidung (Badeanzug, Badelatschen, T-Shirt, Sonnenkappe …), Bild mit einer Sonne, Bild mit einem Schneemann

Spielmöglichkeit:
Die Kinder sitzen in einem Kreis. Die Koffer befinden sich geöffnet in der Kreismitte, während die Kleidungsstücke durcheinander in dem Kreis liegen. Die Koffer werden mit den beiden Bildern bestückt. Nacheinander darf nun immer ein Kind in die Mitte und sich ein Kleidungsstück aussuchen. Es beschreibt dieses und überlegt dann, in welchen Koffer das Kleidungsstück gehört. Sind die anderen Kinder mit der Wahl einverstanden, wird das Kleidungsstück in den entsprechenden Koffer gelegt.

Weiterführende Ideen:
Die Koffer werden zum freien Spiel mit in die Gruppe gegeben. Die Kinder können die Kleidung zum Verkleiden im Rollenspiel verwenden.

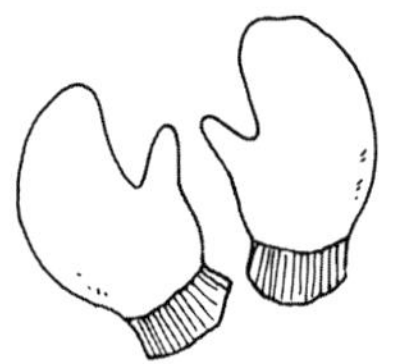 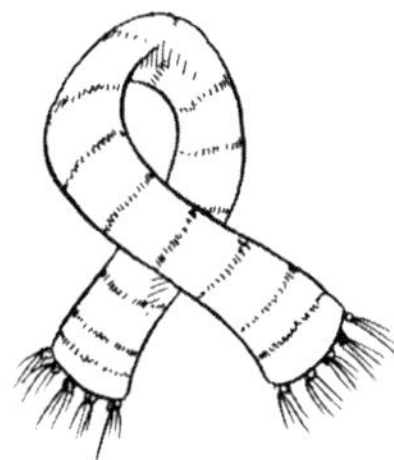  

Schneesturm (ab 3 Jahren, für 2 – 4 Spieler)

Material:
5 blaue Watteböllchen, 5 weiße Watteböllchen, 4 Holzbausteine

Spielmöglichkeit:
Jeweils zwei Bausteine werden auf dem Boden zu einem Tor (etwa 20 cm auseinander) gestellt. Die beiden Tore stehen sich gegenüber. Der Abstand der Tore zueinander kann beliebig variiert werden. Je größer der Abstand, desto schwieriger das Spiel.
Jeweils zwei Mitspieler legen sich bäuchlings hinter ihr Tor. Die Wattebällchen werden zwischen den Toren verteilt. Die Spieler versuchen, die Wattebällchen in das gegnerische Tor zu pusten und gleichzeitig zu verhindern, dass ein Wattebällchen in das eigene Tor gelangt.

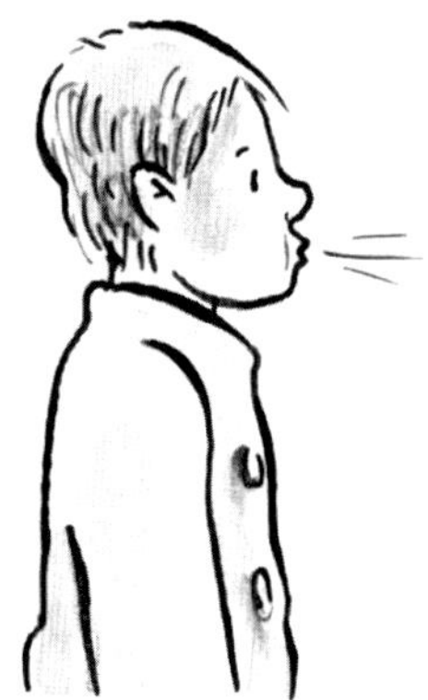 

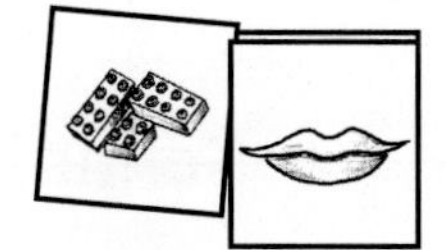

Fingerspiel: Frau Holle (ab 2 Jahren)

Text überliefert/Bewegungsvorschläge: Jenny Hütter

Pille, palle, polle,	*dreimal in die Hände klatschen*
da oben wohnt Frau Holle,	*mit dem Zeigefinger nach oben zeigen*
schüttelt ihre Betten aus,	*die Fäuste nach oben und unten bewegen*
kommen weiße Flöckchen raus.	*die Finger zappeln von oben nach unten*
Ticke, tacke, tocke,	*dreimal in die Hände klatschen*
da kommt 'ne Riesenflocke,	*mit den Händen einen großen Kreis andeuten*
setzt sich auf den Gartenzaun,	*beide Zeigefinger überkreuzen und einen Zaun andeuten*
möchte dort ein Häuschen baun.	*die Hände bilden ein Dach*

Fingerspiel: 5 Brüder im Schnee (ab 2 Jahren)

Text überliefert/Bewegungsvorschläge: Jenny Hütter

Fünf Brüder gehen durch den Wald,	*5 Finger hochhalten*
der Weg ist hart, die Luft ist kalt.	*die Arme umschlingen den Körper*
Der Erste sagt: „Oh Bruder, schau,	*Daumen hochhalten*
die Wolken hängen schwer und grau."	*mit den Händen Wolken darstellen*
Der Zweite blickt hinauf zur Höh:	*Zeigefinger hochhalten*
„Ich bin mir sicher, es gibt Schnee."	*mit der Hand die Augen abschirmen, Ausschau halten*
Der Dritte schaut und sagt sodann:	*Mittelfinger hochhalten*
„Es fängt ja schon zu schneien an."	*mit den Fingern die herunterfallenden Schneeflocken darstellen*
Der Vierte hält die Hände auf,	*Ringfinger hochhalten*
es fällt weicher Schnee darauf.	*Handfläche ausstrecken, mit den Fingern der anderen Hand die herunterfallenden Schneeflocken darstellen*
Der Fünfte ruft: „Ich saus nach Haus	*kleinen Finger hochhalten*
und hole unsren Schlitten raus.	*auf der Stelle gehen, pantomimisch Schlitten hinterherziehen*
Nun setzt euch drauf und fahrt ganz munter	*auf den Po setzen*
schnell den großen Berg hinunter."	*mit dem Po über den Boden rutschen*

Schnapp dir die Karte (1) (ab 4 Jahren, für 2–4 Spieler)

Material:

Geschichte (s. u.), Bildkarten zur Geschichte (s. S. 15) oder „Spuren im Schnee“ (Vorlage s. S. 16), Stifte, evtl. Laminiergerät und -folie, 1 Schere

Vorbereitung:

Die Bildkarten werden einmal kopiert und farbig angemalt. Zur besseren Haltbarkeit können sie laminiert werden. Je nach Schwierigkeitsgrad können alle Bildkarten verwendet werden oder nur die Bildkarten zur Geschichte / „Spuren im Schnee“. Gegebenenfalls können Sie vorher mit den Kindern besprechen, zu welchem Tier welche Spuren gehören.

Spielregeln:

Die Mitspieler sitzen um einen Tisch herum oder auf dem Boden in einem Kreis. Die Spielleitung nimmt entweder die Bildkarten zur Geschichte oder die Bildkarten „Spuren im Schnee“ zur Hand. Alle Bildkarten zur Geschichte / „Spuren im Schnee“ werden in der Mitte verteilt. Die Erzieherin liest die Geschichte vor. Wenn die Kinder etwas entdecken, was in der Geschichte vorkommt bzw. wissen, zu welchem Tier die Spuren gehören, greifen sie blitzschnell nach der Karte.
Bei „Spuren im Schnee“ sollten die Kinder noch benennen können, um welches Tier es sich handelt. Vielleicht können sie darüber hinaus noch etwas mehr über das jeweilige Tier erzählen, zum Beispiel was das Tier frisst, wo es schläft, wie es sich fortbewegt ... Die erbeutete Karte darf das entsprechende Kind vor sich liegenlassen. Wer am Ende die meisten Karten erbeuten konnte, hat das Spiel gewonnen.

Geschichte: Was machen die Tiere im Winter?

Sicherlich hast du dir auch schon einmal die Frage gestellt, was eigentlich die Tiere im Winter machen. Sie können sich ja nicht in ein schönes beheiztes *Haus* verkrümeln oder draußen einen dicken Wintermantel, *Schal* und *Mütze* anziehen. Die Tiere lösen dieses Problem auf ganz unterschiedliche Art und Weise.

Bei den Vögeln ist es zum Beispiel so, dass einige Arten dem Winter einfach davonfliegen. Zu diesen sogenannten Zugvögeln zählen zum Beispiel die *Wildgänse,* der *Storch* oder auch der *Kuckuck.* Andere Vögel wie die *Meise,* die *Amsel* oder das *Rotkehlchen* harren auch in den kalten Wintern hier aus. Sie können ihr *Gefieder* aufplustern und kuscheln sich in den Ästen der Bäume dicht aneinander, um sich warm zu halten. Dies sind die Standvögel.

Die Tiere, deren Körper durch ein Fell geschützt ist, bekommen ein langes und dichtes *Winterfell.* Dies ist zum Beispiel bei *Pferden, Hasen, Katzen, Füchsen, Wildschweinen* oder *Rehen* der Fall.

Dann gibt es noch die Tiere, die sich einen Vorrat anlegen und diesen gut verstecken. So können sie den Winter über gut aus ihrer „Vorratskammer“ leben. Diese Tiere halten oft eine Winterruhe, d. h., sie bewegen sich möglichst wenig, um Energie zu sparen. Sie schlafen viel und stehen nur zur Futtersuche auf. Dies ist bei *Eichhörnchen,* dem *Maulwurf* oder dem *Dachs* so. Der *Igel* oder die *Fledermaus* dagegen halten einen Winterschlaf. Sie fressen sich ein dickes *Fettpolster* an und wachen erst wieder bei wärmeren Temperaturen auf.

Frösche und *Schnecken* dagegen fallen in eine Winterstarre. Vorher ziehen sie sich an einen geschützten Platz zurück.

So haben alle Tiere eine Methode entwickelt, um sich vor kalten Wintertemperaturen zu schützen.

Schnapp dir die Karte (2) (ab 4 Jahren, für 2–4 Spieler)

Kopiervorlage „Spuren im Schnee“

(Hase)	(Katze)
(Fuchs)	(Wildschwein)
(Reh)	(Eichhörnchen)
(Igel)	(Pferd)
(Frosch)	(Vogel)

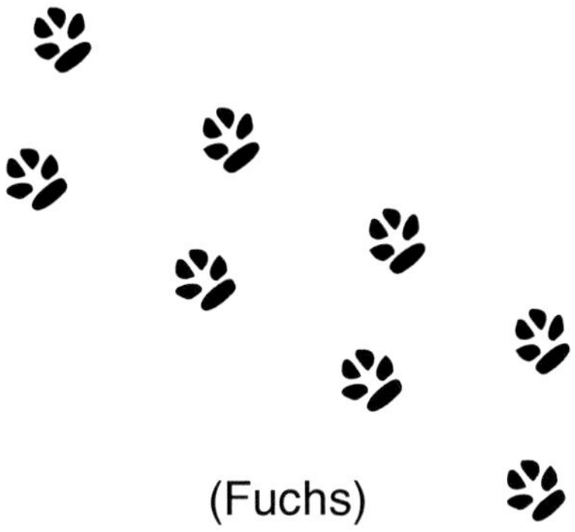

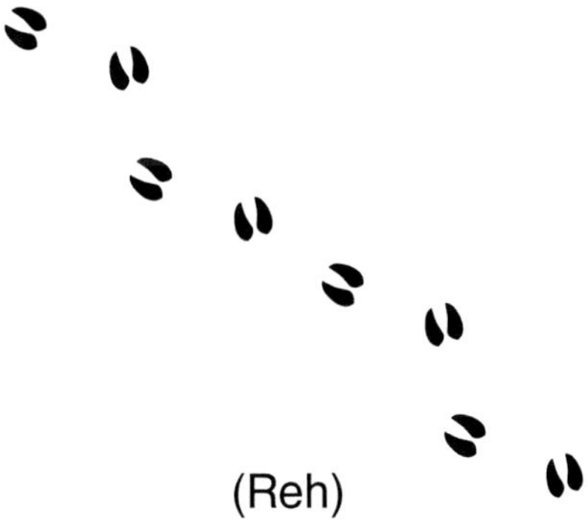

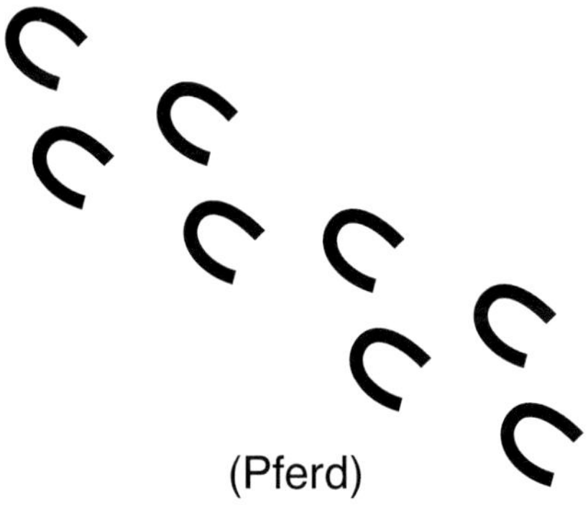

BVK • Jenny Hütter: Kita aktiv „Projektmappe Winter“

Rhythmikeinheit „Der Winter“ (1) (ab 4 Jahren)

Material:
CD-Player, CD „Die vier Jahreszeiten – der Winter“ aus Vivaldis Gesamtkomposition „Opus 8“ Nr. 4, der erste Satz, Bildkarten „Musikinstrumente“ (Vorlage s. S. 18), Buntstifte, Laminiergerät und -folie, 1 Schere, 1 Glockenspiel, 2 Handtrommeln, 1 Schellenkranz, 1 Holzblocktrommel, Kastagnetten, 1 Rassel, je Kind 1 Bogen Malpapier, 2 Wachsmalstifte, viele Watteböllchen

Vorbereitung: Die Bildkarten werden kopiert, ausgemalt, laminiert und anschließend ausgeschnitten.

Ablauf der Rhythmikeinheit:

Begrüßungslied: zum Beispiel „Hallo, hallo (ich will euch begrüßen)“ von Volker Rosin auf „Live!“, Edel Germany GmbH, Hamburg 2005

Klanggeschichte frei nach dem Sonett von Vivaldis „L'Inverno“ (Der Winter):

Einführung: Die Kinder sitzen im Kreis. Die Erzieherin verteilt die Instrumente oder überlegt alternativ gemeinsam mit den Kindern, zu welcher Textstelle welche Instrumente passen könnten. Anschließend liest sie die Geschichte vor, legt dabei immer die entsprechende Bildkarte der Musikinstrumente in die Mitte und die Kinder spielen an den entsprechenden Textstellen ihre Instrumente.

Vorlesetext	Begleitende Spielmöglichkeit auf den Instrumenten
Der Winter ist in diesem Jahr eiskalt und lässt uns gehörig zittern.	***Glockenspiel*** *– mit dem Schlägel von den hohen zu den tiefen Tönen über das Glockenspiel streichen*
Kalter Wind bläst uns um die Ohren,	***Handtrommel*** *– mit der Handfläche darüberstreichen*
während wir Schritt für Schritt durch das kalte Weiß stapfen	***Schellenkranz*** *und* ***Holzblocktrommel***
und unsere Zähne vor Kälte klappern.	***Kastagnetten***
Wie herrlich ist es dann, vor dem heißen Kamin zu sitzen und den Flammen zuzuschauen,	***Rassel***
während sich die Menschen draußen nur vorsichtig über das glatte Eis fortbewegen können	***Holzblocktrommel*** *(langsam spielen)*
und der eisige Wind ihnen den Schneeregen ins Gesicht weht.	***Handtrommel*** *– mit der Handfläche darüberstreichen*
Ein Schlittschuhläufer dreht seine Kreise,	***Handtrommel*** *– mit der Handfläche kreisförmig darüberstreichen*
ein anderer fällt dabei hin,	*einmal die* ***Holzblocktrommel*** *anspielen*
bis schließlich ein mächtiger Schneesturm losbricht.	*alle Instrumente spielen gemeinsam*
Ach wie schön ist doch der Winter!	***Glockenspiel*** *– mit dem Schlägel von den hohen zu den tiefen Tönen über das Glockenspiel streichen*

Rhythmikeinheit „Der Winter“ (2) (ab 4 Jahren)

Malen nach Musik:
Alle Kinder suchen sich einen Platz im Raum und knien sich hin. Jeder erhält einen Bogen Malpapier, den er vor sich hinlegt, und zwei Wachsmalstifte. Sobald die Musik beginnt („Die vier Jahreszeiten – der Winter“ aus Vivaldis Gesamtkomposition „Opus 8“ Nr. 4, der erste Satz), dürfen die Kinder die Stifte über das Papier tanzen lassen.
Dabei ist es nicht wichtig, dass die Kinder etwas Gegenständliches malen. Sie sollen und dürfen kreuz und quer im Takt zur Musik über das Blatt malen.

Abschlussspiel:
Zum Abschluss der Einheit wird mit den Wattebällchen noch eine ordentliche Schneeballschlacht veranstaltet.

Bildkarten „Musikinstrumente“

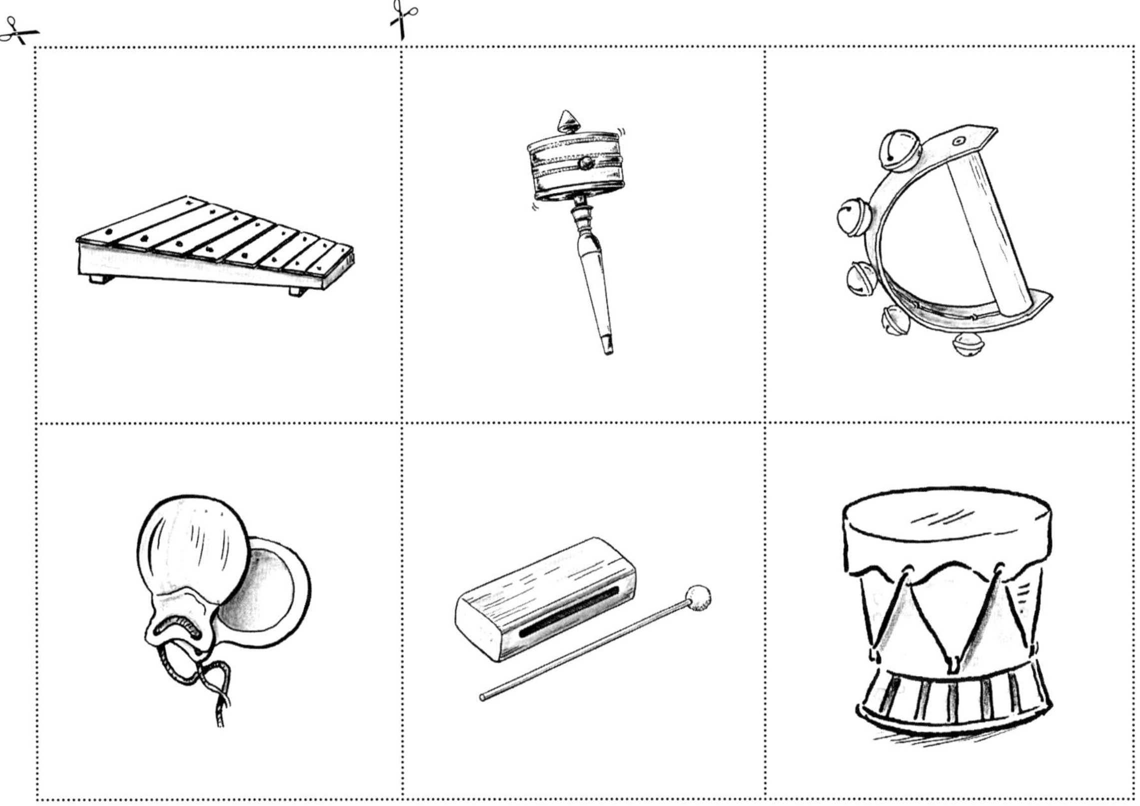

A, a, a – der Winter der ist da (ab 2 Jahren)

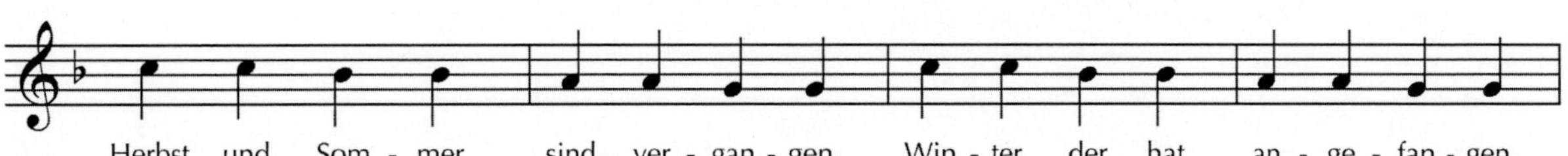

2. E, e, e, er bringt uns Eis und Schnee.
Malt uns gar zum Zeitvertreiben
Blumen an die Fensterscheiben.
E, e, e, er bringt uns Eis und Schnee.

3. I, i, i, vergiss die Armen nie.
Liegst du nachts im warmen Kissen,
denk an die, die frieren müssen.
I, i, i, vergiss die Armen nie.

4. O, o, o, wie sind wir Kinder froh.
Sehen jede Nacht im Traume
uns schon unterm Weihnachtsbaume.
O, o, o, wie sind wir Kinder froh.

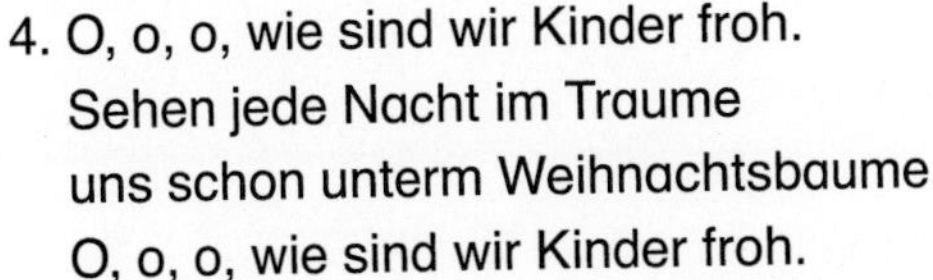

5. U, u, u, jetzt weiß ich, was ich tu.
Hol den Schlitten aus dem Keller,
und dann geht es schnell und schneller.
U, u, u, jetzt weiß ich, was ich tu.

Spielmöglichkeit:

Jedes Kind bekommt ein beliebiges Instrument. Dieses wird in jeder Strophe in der ersten und vierten Zeile, jeweils im Takt des Liedes, gespielt.

Hinweis:

Es gibt noch viele weitere Winter- und Weihnachtslieder, die Sie mit Ihren Kindern umsetzen können, zum Beispiel „Schneeflöckchen, Weißröckchen“, „O Tannenbaum“ …

Rhythmusspiel „Schnee, Schnee, Schnee“ (ab 2 Jahren)

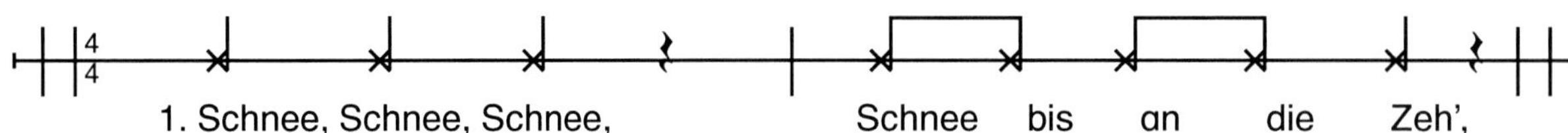

1. Schnee, Schnee, Schnee, Schnee bis an die Zeh’,

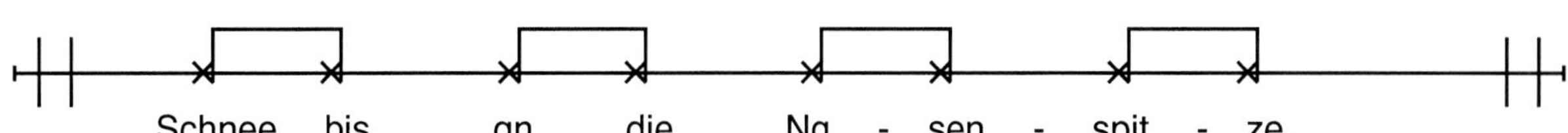

Schnee bis an die Na - sen - spit - ze,

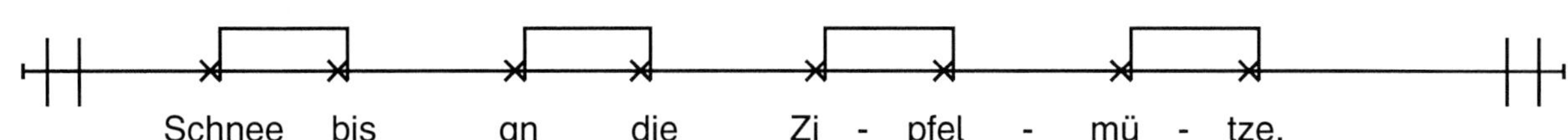

Schnee bis an die Zi - pfel - mü - tze,

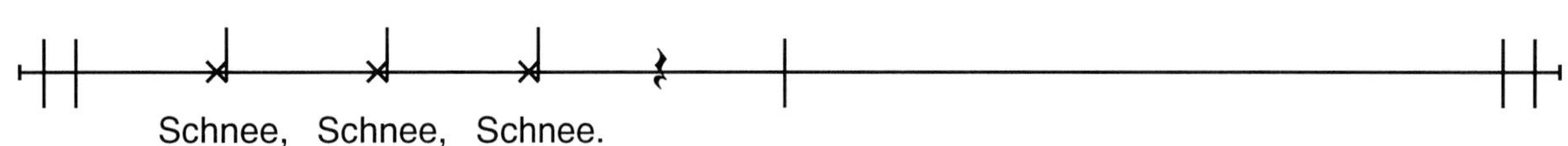

Schnee, Schnee, Schnee.

2. Schnee, Schnee, Schnee,
wir laufen durch den Schnee.
Wir rollen eine Kugel aus
und baun ’nen dicken Schneemann draus.
Schnee, Schnee, Schnee.

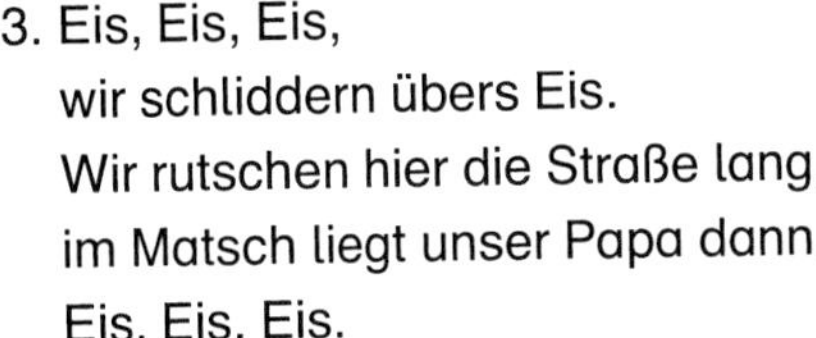

3. Eis, Eis, Eis,
wir schliddern übers Eis.
Wir rutschen hier die Straße lang,
im Matsch liegt unser Papa dann,
Eis, Eis, Eis.

4. Eis, Eis, Eis,
wir fahren übers Eis.
Wir ziehen unsre Schlittschuh an
und gleiten schön die Bahn entlang,
Eis, Eis, Eis.

Spielmöglichkeit:
Jedes Kind erhält ein paar Klanghölzer. Der Text wird gesprochen und dabei werden im Takt die Klanghölzer gegeneinander bzw. auf den Boden geschlagen. Bei jeder ganzen Note wird auf den Boden geklopft, bei den halben Noten werden die Klanghölzer gegeneinandergeschlagen.

Das Winterbäumchen (ab 3 Jahren)

Material:
1 Gartenschere, Äste und Zweige, getrocknetes Laub, Kiefernzapfen, Bindfaden, Nadel, Tontopf, Kieselsteine, Kunstschnee in einer Sprühflasche, evtl. einen großen Stein

Arbeitsanleitung:
1. Der Tontopf wird mit den Kieselsteinen gefüllt. Ein Loch im Boden des Tontopfes eventuell mit einem großen Stein abdecken.
2. Mit der Gartenschere werden ein paar Zweige oder Äste von einem Strauch oder Baum gesammelt oder abgeschnitten. Diese werden zwischen die Steine in den Blumentopf gesteckt.
3. An den getrockneten Laubblättern und den Kiefernzapfen wird jeweils ein Bindfaden befestigt und dann werden diese beliebig in die Zweige gehängt.
4. Zum Schluss wird das Winterbäumchen noch (im Freien) mit Kunstschnee besprüht.
5. Das Winterbäumchen kann als Dekoration im Raum aufgestellt werden.

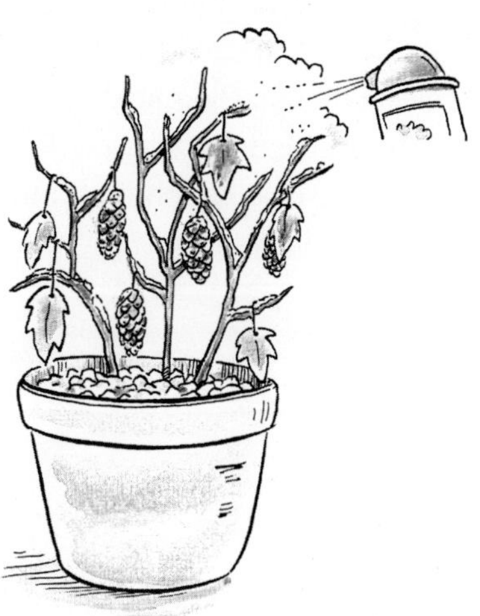

Der Schneemann (ab 3 Jahren)

Material:
Seidenpapier in Weiß, Schwarz und Orange, DIN-A4-Tonpapier (beliebige Farbe, nicht weiß), Kleister, Pinsel, Bleistifte, 3 Materialschälchen

Arbeitsanleitung:
1. Das weiße, schwarze und orangefarbene Seidenpapier wird in kleine Stücke gerissen und zu kleinen Kügelchen geknüllt. Die Kügelchen werden (farblich sortiert) in die Materialschälchen gegeben.
2. Die Kinder malen mit dem Bleistift einen Schneemann auf das Tonpapier. Dieser wird mit Kleister bestrichen. Dann wird der Schneemann ausgefüllt, indem die Papierkügelchen in den Körper geklebt werden: das schwarze Papier für den Hut, die Augen, den Mund und die Knopfleiste, das orangefarbene für die Nase und das weiße für den restlichen Körper.
3. Das Schneemannbild kann gut als winterliche Gruß- oder Einladungskarte verwendet oder aber im Gruppenraum aufgehängt werden. Wird es als Grußkarte verwendet, muss der Schneemann vor dem Bekleben auf der Rückseite beschriftet werden.

Hinweis:
Von dem weißen Seidenpapier benötigen sie wesentlich mehr kleine Kügelchen, da damit der ganze Schneemann beklebt wird.

Die Pinguin-Bande (ab 3 Jahren)

Material:
1 leere Toilettenpapierrolle, Kopiervorlagen (s. u.), 1 Styropor®-kugel, weiße und schwarze Fingermalfarbe, orangefarbene und schwarze Pappe, Pinsel, Wasserbecher, Malkittel, Bleistift, Schere, Kleber, schwarzer Filzstift

Arbeitsanleitung:
1. Die Toilettenpapierrolle wird mit Fingermalfarbe weiß angemalt und zum Trocknen an die Seite gestellt.
2. Die Styropor®-kugel wird entsprechend (wie auf dem Bild) mit weißer und schwarzer Farbe angemalt. Sie wird ebenfalls zum Trocknen zur Seite gestellt.
3. Die Schablonen für den Flügel zweimal auf schwarze Pappe, die für den Schnabel und den Fuß einmal auf orangefarbene Pappe übertragen und ausschneiden.
4. Die Styropor®-kugel wird auf die Öffnung der Toilettenpapierrolle gelegt, sodass das weiße Gesicht von vorne zu sehen ist. Mit dem Filzstift werden die Augen des Pinguins aufgemalt.
5. Die Flügel werden seitlich an den Pinguinkörper geklebt. Die Füße werden unten an die Toilettenpapierrolle geklebt, dafür wird die Pappe entlang der gestrichelten Linie geknickt und die Klebefläche (wie beschriftet) mit Kleber bestrichen. Die Klebefläche wird von innen gegen die Rolle geklebt.

Weiterführende Ideen:
Mit den Pinguinen kann das Spiel „Hungrige Pinguine“ (s. S. 40) gespielt werden.

Kopiervorlagen

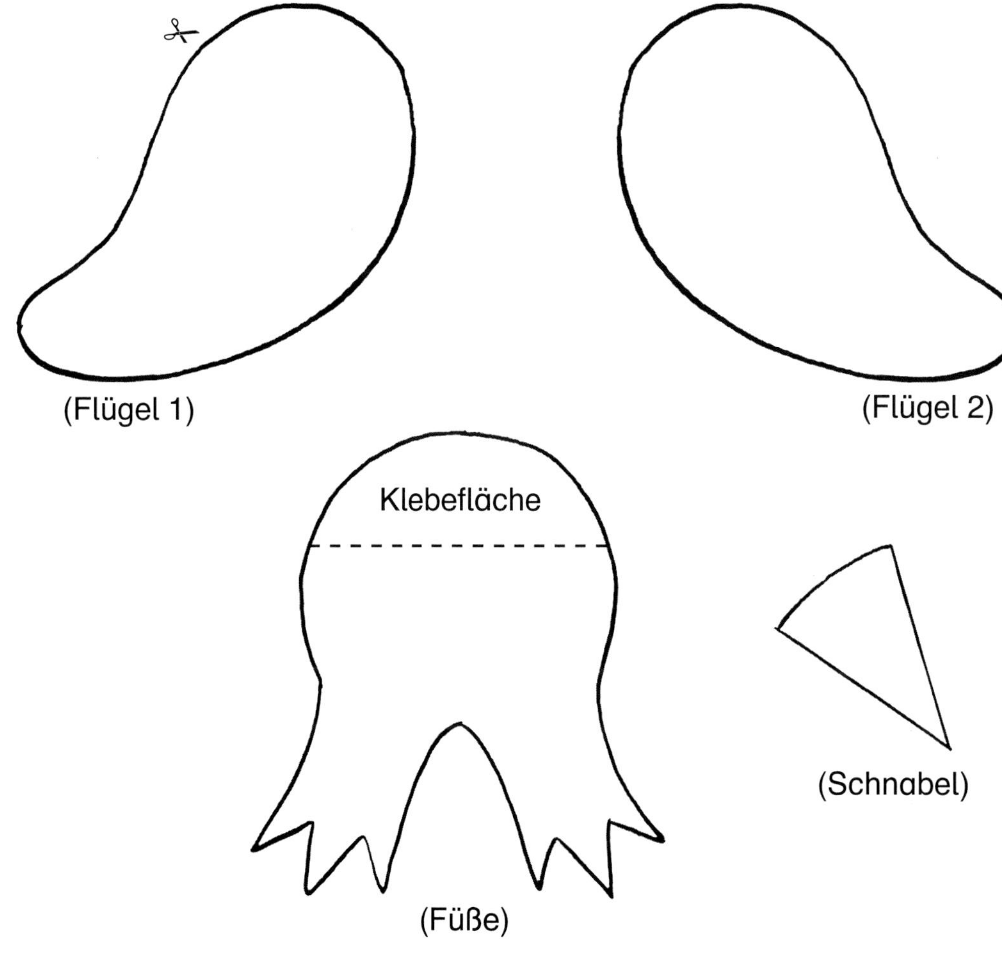

Eiskristalle aus Papier (ab 2 Jahren)

Material:

1 weißes Blatt, 1 Schere, 1 Bleistift, runde Schablonen in unterschiedlichen Größen (z. B. 1 Teller, 1 Tasse, 1 alte CD ...)

Arbeitsanleitung:

1. Eine Schablone wird auf das weiße Blatt Papier gelegt und mit einem Bleistift umrandet. Der Kreis wird ausgeschnitten und in der Mitte zu einem Halbkreis gefaltet. Das Falten wird noch einmal wiederholt, sodass ein Viertelkreis entsteht.

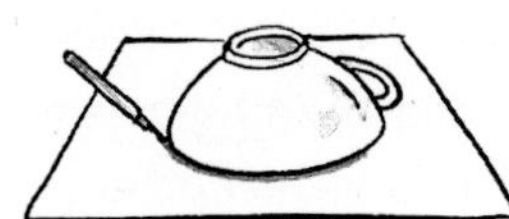

2. Mit der Schere werden beliebig viele Zacken in die Seitenränder geschnitten. Diese Zacken können ruhig unterschiedlich geformt und von verschiedener Größe sein. Anschließend wird das Papier wieder auseinandergefaltet.

3. Die Eiskristalle können schön als Fensterdekoration verwendet werden. Hier sehen die Kinder auch wieder, dass jeder Eiskristall anders aussieht.

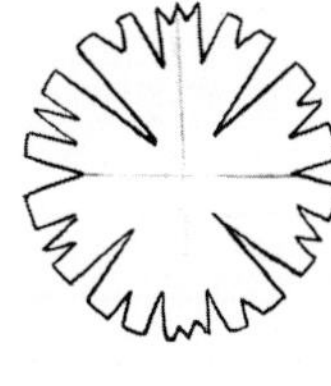

Eismandala (ab 2 Jahren)

Material:

1 tiefer Plastikteller, Wasser, Gefrierfach, Naturmaterialien (z. B. Tannenzweige, Tannenzapfen, Blätter, Steine ...), 1 Stück Kordel

Arbeitsanleitung:

1. Das Wasser wird bis etwa zur Hälfte in den Teller gefüllt. Die Naturmaterialien werden in den Teller gelegt und fantasievoll angeordnet.
2. Die Kordel wird mit einem Ende in das Wasser gelegt, das andere Ende hängt ein wenig über den Tellerrand hinaus.
3. Anschließend wird das Ganze für einen Tag in das Gefrierfach gegeben. Am nächsten Tag kann das fertige Eismandala herausgeholt und aus dem Teller gelöst werden. Es kann zum Beispiel in einen Baum gehängt werden. Wenn es kalt genug ist, können die Kunstwerke einige Tage das Außengelände verschönern.

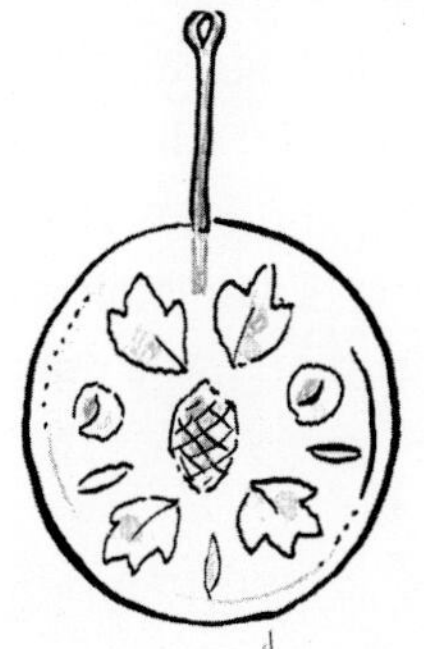

Pustebild „Neujahrsfeuerwerk“ (ab 2 Jahren)

Material:
schwarzes Tonpapier (DIN A4), Wasserfarbe, Pinsel, Wasserbecher, Strohhalm

Arbeitsanleitung:
1. Mit dem Pinsel wird ein Klecks Wasserfarbe auf das schwarze Tonpapier gegeben. Dabei die Farbe mit viel Wasser anrühren.
2. Der Strohhalm wird an den Wasserfarbklecks gehalten (nicht hinein) und das Kind pustet in den Strohhalm. Die Farbe verläuft strahlenförmig in alle Richtungen.
3. Dieser Vorgang wird mit mehreren Wasserfarbklecksen wiederholt, sodass auf dem Papier ein leuchtend buntes Feuerwerk entsteht.

Leporello „Frau Holle“ (1) (ab 3 Jahren)

Material:
7 Blatt Tonpapier in beliebiger Farbe (DIN A4), Geschichte „Frau Holle“ auf S. 10/11, Klebestift, Buntstifte, Schere, Kopiervorlage „Leporello Frau Holle“ auf S. 25/26

Arbeitsanleitung:
1. Die Geschichte „Frau Holle“ und die Kopiervorlage „Leporello Frau Holle“ werden kopiert und die einzelnen Kästchen ausgeschnitten.
2. Die Bilder werden mit Buntstiften angemalt. Je nach Alter der Kinder kann auch nur der Text kopiert werden und die Kinder malen die entsprechenden Bilder selbst dazu.
3. Das Tonpapier wird jeweils einmal in der Mitte geknickt. Die Innenseite des ersten Blattes wird mit Kleber bestrichen und das zweite Blatt umgedreht dagegengeklebt. Genauso wird mit dem restlichen Tonpapier verfahren. Es entsteht eine achtseitige „Ziehharmonika“.
4. Diese wird nun, wie auf der Zeichnung zu sehen, mit dem Text und den Bildern der Geschichte versehen.

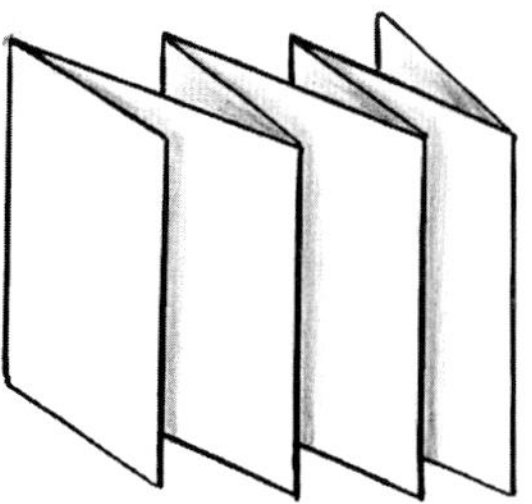

Leporello „Frau Holle“ (2) (ab 3 Jahren)

Frau Holle

Leporello „Frau Holle“ (3) (ab 3 Jahren)

Weihnachtlicher Tischschmuck (ab 2 Jahren)

Material:
runde Käseschachteln (mind. 15 cm), Alu-Bastelfolie (beliebige Farbe), Prickelnadel und Prickelunterlage, Kleber, Schere, Lineal, Stift, evtl. Vorlage „Weihnachtsmotive“, Teelicht

Arbeitsanleitung:
Von der Bastelfolie wird ein etwa 10 cm breiter Streifen abgeschnitten. Der Streifen sollte 2 cm länger sein als der Durchmesser der Käseschachtel (bitte vorher ausmessen).
Die Kinder können nun mit der Prickelnadel Muster in die Bastelfolie stechen. Eventuell kann die Vorlage „Weihnachtsmotive“ kopiert und ausgeschnitten werden. Ältere Kinder können, wenn sie dies möchten, die Vorlage auf ihre Folie übertragen und entlang der Linie Löcher hineinstechen. Die Löcher dürfen dabei nicht zu eng nebeneinander sein.
Unter 3-Jährige sind meist noch nicht in der Lage, entlang der Linie auszuprickeln. Sie können einfach einige Löcher als Muster in die Bastelfolie stechen.
Der Rand der Käseschachtel wird mit Kleber bestrichen und die Folie rundherum geklebt. Die Enden überlappen sich etwas und werden zusätzlich mit Klebstoff befestigt.
In die Käseschachtel wird noch ein Teelicht gesetzt. Die gestanzten Muster ergeben nun einer sehr schönen leuchtenden Effekt.

Kopiervorlagen „Weihnachtsmotive“

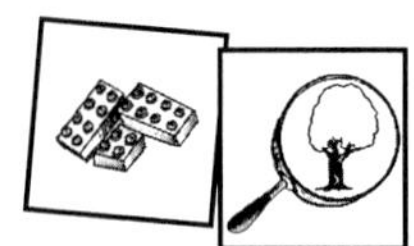

Die Barbarazweige (am 04.12.) (ab 2 Jahren)

Material:
2 Vasen, 1 Tiefkühltruhe / Gefrierfach des Kühlschranks, Zweige vom Apfel-, Süßkirschen- oder Pflaumenbaum, 1 Gartenschere, 2 verschiedenfarbige Klebebänder

Arbeitsanleitung:
1. Von den oben genannten Bäumen werden am 4. Dezember (Tag der hl. Barbara) Äste abgeschnitten. Einige Zweige werden direkt in eine Vase gestellt und die Vase wird mit einem Klebeband markiert.

2. Die anderen Zweige kommen zwei Tage in die Tiefkühltruhe / das Gefrierfach. Anschließend werden sie in die zweite Vase gestellt, die mit dem anderen farbigen Klebeband markiert wird.

3. Bis Weihnachten beobachten die Kinder, was mit den Zweigen passiert. Dabei soll auch auf die Unterschiede zwischen den gekühlten und den ungekühlten Zweigen geachtet werden.

Hinweis:
Wenn die Zweige ausreichend Frost – hier im Gefrierfach – abbekommen haben, blühen sie zu Weihnachten.

Der Eistrick (ab 2 Jahren)

Material:
1 Eiswürfelbehälter, Wasser, 1 Tiefkühltruhe / Gefrierfach des Kühlschranks, Plastikflasche mit Deckel (und einer großen Öffnung)

Arbeitsanleitung:
1. Der Eiswürfelbehälter wird mit Wasser gefüllt und über Nacht in das Gefrierfach gegeben.

2. Am nächsten Tag wird das Eis in die Plastikflasche gefüllt.

3. Der Deckel wird daraufgeschraubt und die Flasche kräftig geschüttelt. Nun wird sie auf den Tisch gelegt und die Kinder beobachten und beschreiben, was passiert.

Hinweis:
Das Eis kühlt die Luft in der Flasche ab. Dadurch verliert die Luft an Volumen und die Flasche zieht sich zusammen.

Die Schneeschmelze (ab 3 Jahren)

Material:
2 Messbecher, Neuschnee, Altschnee, Arbeitsblatt „Die Schneeschmelze“ (s. u.), Buntstifte

Vorbereitung:
Das Arbeitsblatt „Schneeschmelze“ wird für jedes Kind kopiert.

Arbeitsanleitung:

1. Die Becher werden mit Schnee gefüllt: der eine mit Neuschnee, der andere mit Schnee, der schon länger liegt und bereits festgetreten wurde. In jeden Messbecher wird etwa ein Liter Schnee gegeben.

2. Die Messbecher werden mit in den Gruppenraum genommen. Hier beginnt der Schnee allmählich zu schmelzen. Die Kinder beobachten und beschreiben, was mit dem Schnee passiert, wenn dieser geschmolzen ist.

3. Anschließend können die Kinder das Arbeitsblatt „Die Schneeschmelze“ bearbeiten.

Arbeitsblatt „Die Schneeschmelze“ (ab 3 Jahren)

Der Schnee ist nun geschmolzen. Zeichne unten in die beiden Messbecher ein, wie viel Wasser jeweils übriggeblieben ist.

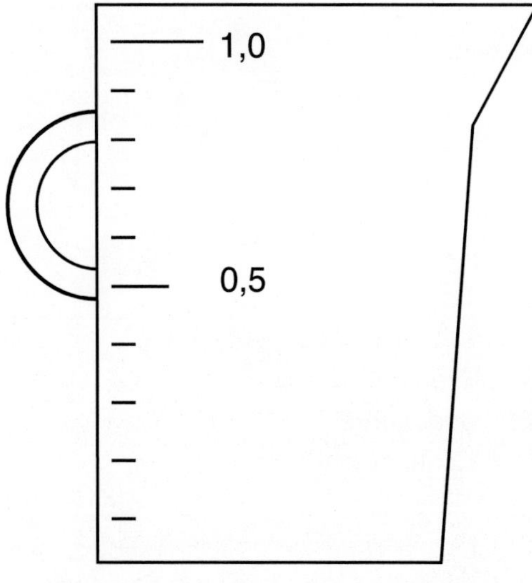

(Messbecher mit 1 l Neuschnee)

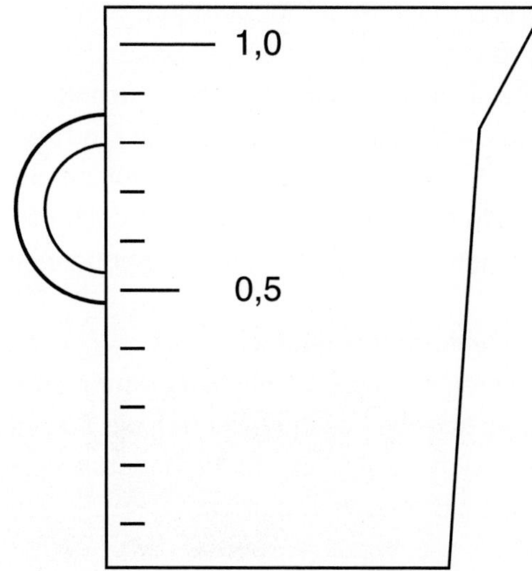

(Messbecher mit 1 l Altschnee)

Eis und Schnee (ab 3 Jahren)

Material:
Schnee, 1 Tiefkühltruhe / Gefrierfach des Kühlschranks

Arbeitsanleitung:

1. Aus dem Schnee wird ein fester Schneeball geformt. Dieser wird für etwa eine Stunde in das Gefrierfach gelegt.
2. Anschließend wird der Schneeball mit nach draußen genommen und zum Vergleich noch ein Schneeball geformt. Alle Kinder befühlen und beschreiben, wie sich die Schneebälle anfühlen.

Hinweis:
Durch das Gefrieren im Eisfach werden die locker gepressten Schneekristalle stärker zusammengepresst. Dadurch entsteht eine feste Masse, das Eis. Eis zählt geologisch mit zu den Gesteinen, es ist genauso hart, hat aber eine geringere Dichte.

Kältelähmung (ab 4 Jahren)

Material:
1 Schüssel mit Wasser, Eiswürfel, 1 Handtuch, Zahnstocher, 1 Stoppuhr / Uhr mit Sekundenzeiger

Arbeitsanleitung:

1. Die Zahnstocher werden auf den Tisch gelegt. Die Wasserschüssel wird danebengestellt und einige Eiswürfel werden hineingegeben.
2. Nun darf jedes Kind seine Hand für 20–30 Sekunden (je nachdem, wie lange das Kind es aushält) in das Eiswasser tauchen.
3. Dann wird die Hand kurz abgetrocknet und das Kind versucht, mit der Hand die Zahnstocher zu greifen. Gelingt dies mit der kalten Hand?
4. Anschließend probieren die Kinder das Greifen noch mit der anderen Hand und vergleichen – geht es genauso schwer oder ist es einfacher?

Hinweis:
Durch die Kälte verlieren wir das Gefühl in unseren Fingern. Die Rezeptoren auf der Haut sind weniger sensibel, deshalb können die Zahnstocher nicht oder kaum mehr erfühlt werden. Zum Vergleich – mit der anderen Hand können die Zahnstocher wahrscheinlich problemlos gegriffen werden.

BVK • Jenny Hütter: Kita aktiv „Projektmappe Winter"

Raureif (ab 4 Jahren)

Material:
1 leere Konservendose, Wasser, Eiswürfel, 1 Thermometer

Arbeitsanleitung:

1. Die Konservendose wird mit Wasser gefüllt. Mit dem Thermometer wird die Wassertemperatur gemessen. Das Thermometer bleibt in der Dose stehen.

2. Dann werden die Eiswürfel dazugegeben. Die Kinder beobachten und beschreiben, was mit dem Thermometer und mit der Dose geschieht.

Hinweis:
Durch die Zugabe der Eiswürfel sinkt die Wassertemperatur in der Dose. Diese hat nun ihren Taupunkt erreicht. So nennt man den Punkt, an dem die Luft mit Flüssigkeit gesättigt ist. Wenn dieser Taupunkt erreicht ist, entsteht die Kondensation. Dann gehen die in der Luft enthaltenen Wassermoleküle vom gasförmigen in den flüssigen Zustand über. Es bilden sich winzige Tröpfchen an der kalten Außenwand der Dose.
Diesen Prozess kann man auch in der Natur beobachten. Wir sehen den Rauhreif oder Tau, wenn wir morgens in das Auto steigen oder über eine Wiese laufen.

Der klebende Eiswürfel (ab 2 Jahren)

Material:
1 Wasserglas oder Suppenteller, 1 Eiswürfel, Bindfaden, Salz

Arbeitsanleitung:

1. Der Eiswürfel wird in das Wasserglas oder in einen Suppenteller gegeben und ein Ende des Bindfadens daraufgelegt.

2. Auf den Bindfaden und den Eiswürfel wird etwas Salz gestreut. Die Kinder beobachten und beschreiben, was mit dem Eiswürfel und dem Faden geschieht.

Hinweis:
Durch das Salz ändert sich der Gefrierpunkt des Wassers, dieser liegt dann deutlich unter 0 °C (je nachdem, wie viel Salz im Wasser gelöst wurde, kann der Gefrierpunkt bei bis zu -21 °C liegen). Der Eiswürfel taut an der Oberfläche, wo das Salz ist, leicht an. Da beim Schmelzen aber Wärme verbraucht wird, kühlt das Salzwasser wieder ab und fängt an zu gefrieren. Der Bindfaden klebt am Eiswürfel fest, da er festfriert.

BVK • Jenny Hütter: Kita aktiv „Projektmappe Winter“

Baumbestimmungsbuch (ab 4 Jahren)

Material:
weißer Tonkarton, 1 Locher, Kopiervorlage „Baumbestimmungsbuch“, Scheren, Buntstifte, Kleber, 1 Bleistift, 1 Lineal, Kordel, evtl. Klebeband, Papier und Wachsmalstifte

Arbeitsanleitung:
1. Der Tonkarton wird in sieben Quadrate (jeweils etwa 20 x 20 cm) geschnitten. Die Quadrate werden oben in der Mitte gelocht. Die Vorlage „Baumbestimmungsbuch“ wird kopiert und die einzelnen Kästchen werden ausgeschnitten. Diese können mit Buntstiften angemalt werden.
2. Auf das erste Tonkarton-Quadrat wird von den Kindern ein großer Baum gemalt. Die nächsten sechs Quadrate werden mit den Abbildungen von jeweils einem Baum beklebt. Neben diesen Baum wird ein Bild der Winterknospe/des Asts mit Nadeln geklebt. Auch ein Bild von der Rinde bzw. dem Zapfen wird dazugeklebt. Alternativ kann von dem jeweiligen Nadelbaum eine Nadel gepflückt werden, die mit durchsichtigem Klebeband dazugeklebt wird. Für die Rinde kann man alternativ Rindenbilder gestalten, indem man weißes Papier an den entsprechenden Baum hält und mit Wachsmalstiften darübermalt, sodass sich die Rindenstruktur abzeichnet. Hiervon kann dann ein Ausschnitt in das Baumbestimmungsbuch geklebt werden.
3. Alle Quadrate werden aufeinandergelegt. Die Kordel wird durch die Lochstanzungen gezogen und verknotet. Das Baumbestimmungsbuch kann auf Spaziergängen mitgenommen werden, um verschiedene Bäume bestimmen zu können. Es kann in den anderen Jahreszeiten natürlich noch entsprechend mit Blättern und Früchten ergänzt werden.

Kopiervorlage „Baumbestimmungsbuch“

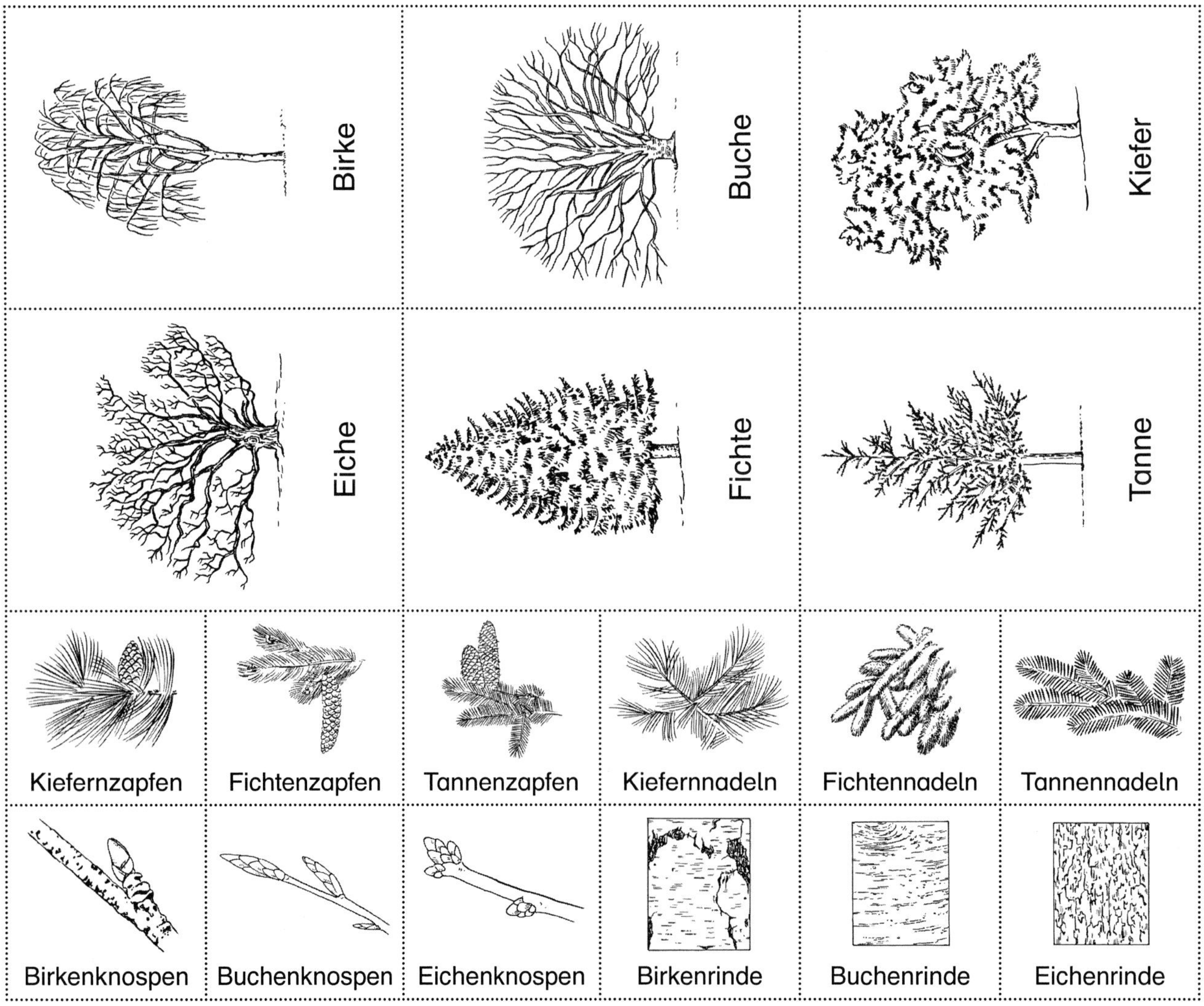

Birke	Buche	Kiefer
Eiche	Fichte	Tanne

Kiefernzapfen	Fichtenzapfen	Tannenzapfen	Kiefernnadeln	Fichtennadeln	Tannennadeln
Birkenknospen	Buchenknospen	Eichenknospen	Birkenrinde	Buchenrinde	Eichenrinde

Tiere bei uns im Winter (ab 3 Jahren)

Male alle Tiere, die bei uns leben, mit einem blauen Stift an.

Male alle Tiere, die woanders im Schnee leben, mit einem gelben Stift an.

BVK • Jenny Hütter: Kita aktiv „Projektmappe Winter“

Überwinterung von Tieren (ab 4 Jahren)

Male alle winteraktiven Tiere rot an.

Male alle Tiere, die Winterschlaf oder Winterruhe halten, blau an.

Male alle Tiere, die in eine Winterstarre fallen, gelb an.

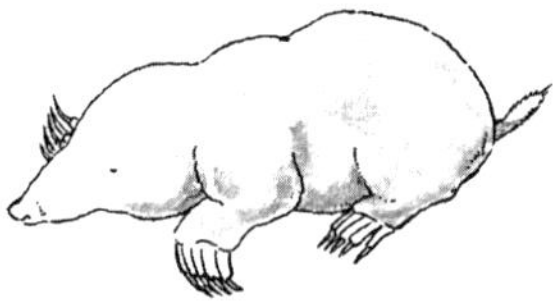

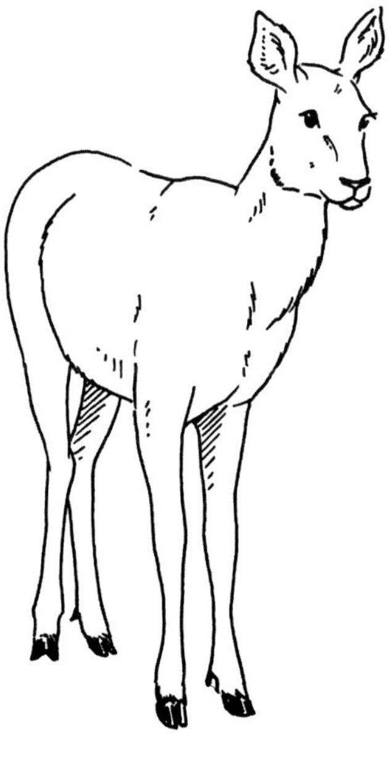

Vogelfutter 1: Meisenknödel (ab 2 Jahren)

Zutaten:
200 g ausgelassener Rindertalg, 200 g Haferflocken, 50 g gehackte Haselnüsse, 2 Teelöffel Leinsamen

Arbeitsmittel:
1 Herd, 1 Topf, 1 Rührlöffel, Kunststoffnetze (z. B. Knoblauchnetze oder kleingeschnittene Strumpfhosen), 1 Schere, Bindfaden, 1 Küchenwaage, 1 Teelöffel

Zubereitung:
Der Rindertalg wird im Kochtopf bei mittlerer Temperatur geschmolzen.
Nach und nach werden die Haferflocken, die Haselnüsse und die Leinsamen untergerührt.
Der Topf wird vom Herd genommen und zum Abkühlen an die Seite gestellt.
Sobald die Masse nur noch lauwarm ist, werden daraus faustgroße Kugeln geformt.
Diese werden in das Netz gegeben, das mit einem Bindfaden verschnürt wird.
Der Meisenknödel kann im Winter an einen Baum oder an ein Vogelhäuschen gehängt werden. Man sollte darauf achten, dass das Vogelfutter einigermaßen geschützt vor Wind und Regen am Baum oder unter einem Dach hängt.

Vogelfutter 2: Vogelplätzchen (ab 2 Jahren)

Zutaten:
200 g Palmfett, 100 g Haferflocken, 50 g Sonnenblumenkerne, 50 g Maiskörner, 50 g Sesam, 50 g Erdnüsse, 50 g Rosinen

Arbeitsmittel:
1 Herd, 1 Kochtopf mit Ausguss, 1 Rührlöffel, 1 Küchenwaage, Backpapier, Ausstechförmchen, 1 Stopfnadel, Bindfaden

Zubereitung:
Das Palmfett wird im Kochtopf bei mittlerer Temperatur zum Schmelzen gebracht.
Nach und nach werden die restlichen Zutaten dazugegeben und untergerührt.
Die Ausstechförmchen werden auf das Backpapier gelegt. Den Fettbrei vorsichtig in die Förmchen gießen und erkalten lassen. Anschließend die Plätzchen aus der Form drücken und mit der Stopfnadel ein Loch hineinbohren. Jetzt noch einen Faden hindurchfädeln und verknoten.
Die Futterplätzchen können an wettergeschützten Stellen im Garten aufgehängt werden.

Vogelfutter 3: Futterzapfen (ab 2 Jahren)

Zutaten:
Tannenzapfen, verschiedene Früchte (Äpfel, Birnen, Rosinen o. Ä.)

Arbeitsmittel:
1 Schneidebrett, 1 Schneidemesser, Bindfaden, Schere

Zubereitung:
Auf einem Spaziergang werden Tannenzapfen gesammelt und getrocknet.
Die Äpfel und Birnen werden klein geschnitten. Die Früchte werden nun in die Hohlräume des Tannenzapfens gesteckt.
Der Bindfaden wird um die Zapfen gelegt und die Zapfen werden mit Hilfe des Bindfadens an einem Baum aufgehängt.
Alle paar Tage müssen die Früchte gegen frisches Obst ausgetauscht oder neu aufgefüllt werden.

Kinderglühwein (ab 3 Jahren)

Zutaten:
1,5 l Apfelsaft, 1 unbehandelte Orange, 1 unbehandelte Zitrone,
10 Gewürznelken, 3 Zimtstangen, 50 g Zucker

Arbeitsmittel:
1 Schneidebrettchen, Messer, Sparschäler, 1 Messbecher, 1 Rührlöffel,
1 Kochtopf, 1 Herd, 1 Sieb, hitzebeständige Gläser

Zubereitung:
Die Früchte werden geschält und in dünne Scheiben geschnitten.
Der Apfelsaft wird mit den Fruchtscheiben, den Zimtstangen, dem Zucker und den Gewürznelken in einen Kochtopf gegeben. Die Mischung bei mittlerer Hitze etwa zehn Minuten sieden lassen. Dabei gelegentlich umrühren.
Dann den Herd ausstellen und den Glühwein durch ein Sieb in die Gläser füllen.

Schneemänner **(ab 2 Jahren, ergibt etwa 15 kleine Schneemänner)**

Zutaten:

600 g Mehl, 1 Päckchen Backpulver, 3 Eier, 6 Esslöffel Zucker, 2 Päckchen Vanillezucker, 300 g Quark, 15 Esslöffel Öl, 1 Prise Salz, 200 g Puderzucker, etwas Wasser, Rosinen, etwas zusätzliches Mehl

Arbeitsmittel:

2 Schüsseln, 1 Handrührgerät mit Knethaken, 1 Küchenwaage, 1 Esslöffel, 1 Backblech, Backpapier, Backofen, 1 Schneebesen, 1 Sieb, Backpinsel

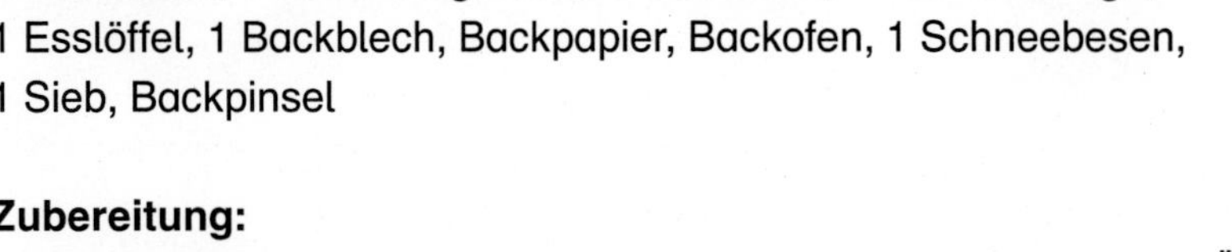

Zubereitung:

1. Den Quark mit den Eiern, dem Zucker, dem Vanillezucker, dem Öl und dem Salz verrühren. Mehl und Backpulver hinzufügen und zu einem glatten Teig kneten.

2. Der Teig wird in kleine Stücke gebrochen und aus jedem Stück eine Kugel geformt. Pro Schneemann werden drei Kugeln benötigt, eine davon etwas kleiner als die anderen. Wenn der Teig klebt, etwas Mehl auf die Handflächen oder den Teig geben, dann lässt er sich besser formen.

3. Diese Kugeln werden im Ofen auf einem mit Backpapier ausgelegtem Backblech etwa 20 Minuten bei 180 °C gebacken.

4. In der Zwischenzeit kann der Zuckerguss angerührt werden. Dafür wird der Puderzucker in die Schüssel gesiebt und etwas Wasser dazugegeben. Das Ganze wird mit dem Schneebesen zu einer cremigen Masse verrührt.

5. Nachdem die Schneemann-Kugeln ausgekühlt sind, legt sich jeder drei Kugeln für seinen Schneemann zurecht, eine kleinere und zwei etwas größere. Der obere Teil der ersten, größeren Kugel wird mit Zuckerguss bestrichen und die zweite Kugel daraufgesetzt. Diese wird wieder mit Zuckerguss bestrichen und die kleinere Kugel als Kopf angeklebt. Auch die Rosinen werden in den Zuckerguss getunkt und als Gesicht in den Schneemannkopf gedrückt.

Bilder-Kopiervorlage von Zutaten und Haushaltsgegenständen

Vogelfutter 1:

Vogelfutter 2:

Vogelfutter 3:

Kinderglühwein:

Schneemänner:

Wärmeisolierung (ab 4 Jahren)

Material:
6 Schuhkartons, Materialreste zum Testen (z. B. Fellreste, kleinere Styropor®-stücke, Kieselsteine, Sand, Watte, Papier ...), 6 leere, hitzebeständige Gläser mit Deckel, Thermometer, 1 Wasserkocher, 1 Uhr, Arbeitsblatt „Wärmeisolierung" (s. S. 40), 1 Stift

Vorbereitung:
Das Arbeitsblatt „Wärmeisolierung" wird kopiert.

Arbeitsanleitung:

1. Die Fellreste, das Styropor®, die Steine, der Sand, die Watte und das Papier werden in die Kreismitte gelegt. Die Erzieherin spricht mit den Kindern über den Winter und fragt sie, wie sie sich in der Kälte warm halten. Sie fragt auch, wie die Tiere sich im Winter vor der Kälte schützen.

2. Nun wird den Kindern erzählt, dass es bei diesem Experiment darum geht herauszufinden, welches Material am besten warm hält. Hier können die Kinder erste Vermutungen zu den Materialien in der Kreismitte anstellen und sollen diese nach Möglichkeit auch begründen.

3. Für das Experiment wird nun Wasser erhitzt (nicht kochen), seine Temperatur gemessen und das Wasser in die Gläser gefüllt. Alle Gläser sollten gleich befüllt und dann mit den Deckeln verschlossen werden.

4. Die Gläser werden jeweils in der Mitte eines Schuhkartons platziert. Jeder Karton wird jeweils mit einem Material befüllt, sodass das Glas fest damit umschlossen ist.

5. Die Kartons werden für 15 Minuten nach draußen gestellt. Dann werden sie wieder hereingeholt.

6. Mit dem Thermometer wird nun die Wassertemperatur in allen Gläsern gemessen und das Ergebnis auf dem Arbeitsblatt notiert. Welches Material hält am besten warm? Welches Material am schlechtesten?

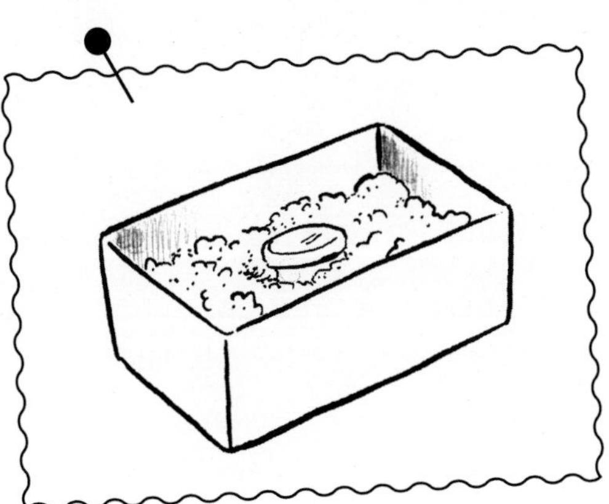

Hinweis:
Die Wärmeisolierung soll verhindern, dass das warme Wasser abkühlt. Mit den verschiedenen Materialien (den Dämmstoffen) wird der Wärmefluss behindert und das Wasser bleibt länger warm. Kunststoffe, Holz, Kork und Luft sind schlechte Wärmeleiter und damit gute Dämmstoffe.

Arbeitsblatt „Wärmeisolierung“ (ab 4 Jahren)

Material	Temperatur
Fell	
Styropor®	
Steine	
Sand	
Watte	
Papier	

Hungrige Pinguine (ab 4 Jahren, für 2–4 Kinder)

Material:
10 gebastelte Pinguine (s. S. 22), Muggelsteine, 1 Stift, 1 Materialschale, evtl. 1 Würfel

Vorbereitung:
Die Pinguine werden mit den Zahlen von 1–10 beschriftet. Die Zahlen werden auf die Füße geschrieben. Die Muggelsteine werden in die Materialschale gegeben.

Spielmöglichkeit:
Die Kinder haben nun die Aufgabe, die Pinguine zu füttern. Entsprechend der Nummerierung des Pinguins wird die dazugehörige Anzahl an Muggelsteinen in den Pinguin gelegt (dafür den Kopf des Pinguins abnehmen).

Weiterführende Idee:
Jedes Kind erhält einen Pinguin. Die Materialschale mit den Muggelsteinen wird in die Mitte gestellt. Der erste Spieler würfelt und nimmt sich die entsprechende Anzahl an Muggelsteinen aus der Materialschale. Diese gibt er dem Pinguin zu fressen, indem er den Pinguinkopf abnimmt und die Steine in den Pinguin fallen lässt. Wenn keine Muggelsteine mehr in der Schale liegen, wird gezählt, welcher Pinguin das meiste Futter erbeuten konnte.

Temperatur messen (ab 4 Jahren)

Material:
1 Thermometer, Bildkarten (s. u.), Scheren, Stifte, Kleber, 1 Flasche Milch (aus dem Kühlschrank), Eiswürfel, 1 Wasserkocher, Wasser, Blumenerde, 1 Blatt Papier für jedes Kind

Vorbereitung:
Die Bildkarten werden für jedes Kind und für die Erzieher kopiert.

Arbeitsanleitung:
1. Die Kinder und die Erzieherin sitzen im Kreis und schauen sich die Bildkarten an. Die Kinder erzählen, was darauf abgebildet ist. Sie sollen Vermutungen darüber anstellen, was warm und was kalt ist.
2. Anschließend werden die einzelnen Bildkarten ausgeschnitten. Jedes Kind sortiert die Karten in einer Reihenfolge von warm bis kalt auf einem leeren Blatt Papier.
3. Nun müssen diese Vermutungen überprüft werden. Dazu geht die Erzieherin mit den Kindern durch den Kindergarten und sucht mit ihnen die abgebildeten Gegenstände. Dabei wird jeweils die Temperatur gemessen und diese auf den Bildkarten der Erzieherin eingetragen. Vorsicht beim Wasserkocher: diesen und das heiße Wasser nicht anfassen. Die Erzieherin misst die Temperatur mit dem Thermometer.
4. Zum Schluss kommen alle Kinder wieder im Kreis zusammen. Sie überlegen gemeinsam, was am wärmsten bzw. am kältesten war. Stimmen ihre gelegten Reihenfolgen mit den gemessenen Temperaturen überein?
5. Die Kinder übertragen die jeweiligen Temperaturen auf ihre Bildkarten und sortieren die Bildkarten erneut von warm nach kalt.

Wenn alles in der richtigen Reihenfolge liegt, werden die Karten aufgeklebt und die Bilder können angemalt werden.

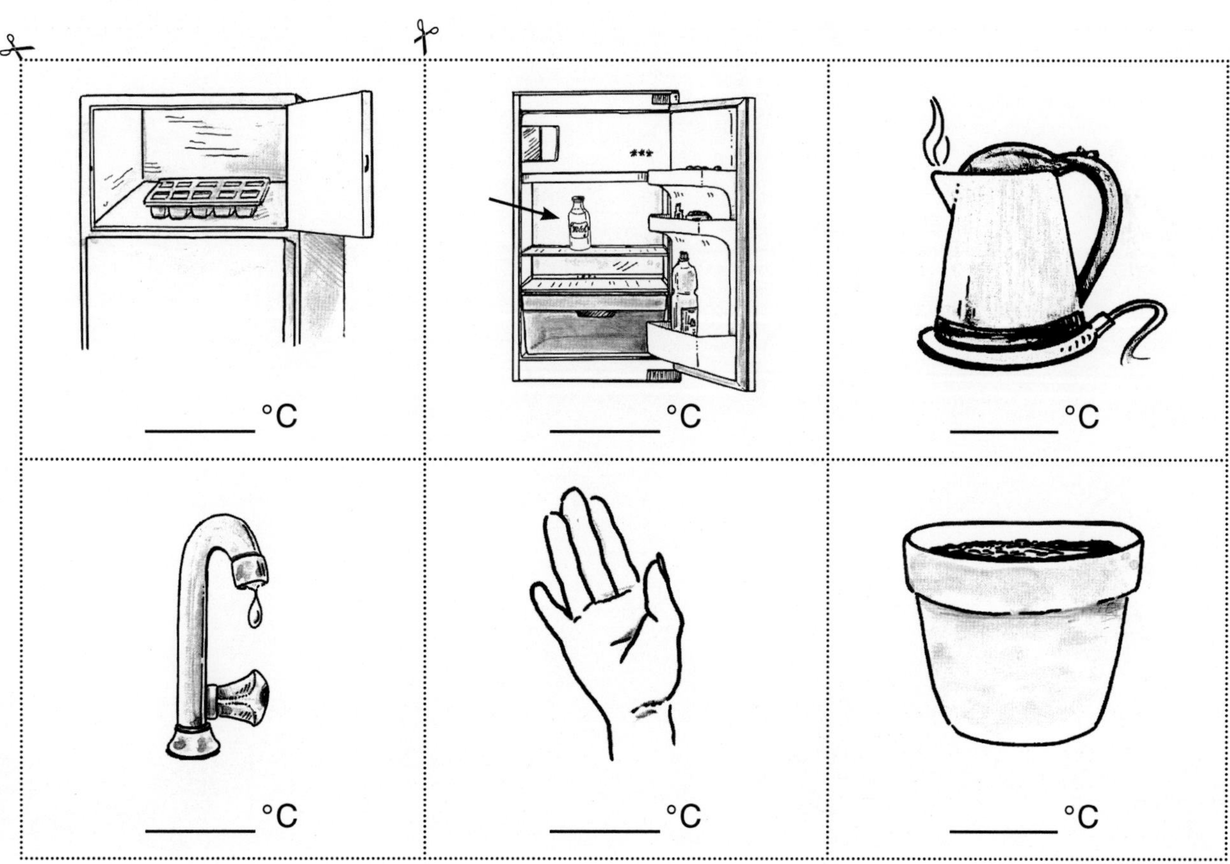

BVK • Jenny Hütter: Kita aktiv „Projektmappe Winter"

Pinguine auf Fischfang (ab 4 Jahren)

Die Pinguine haben unterschiedlich großen Hunger. Wie viel sie fressen müssen, um satt zu werden, kannst du an der Zahl auf ihren Bäuchen erkennen. Verbinde die Pinguine mit dem Bild, das die entsprechende Anzahl an Fischen zeigt!

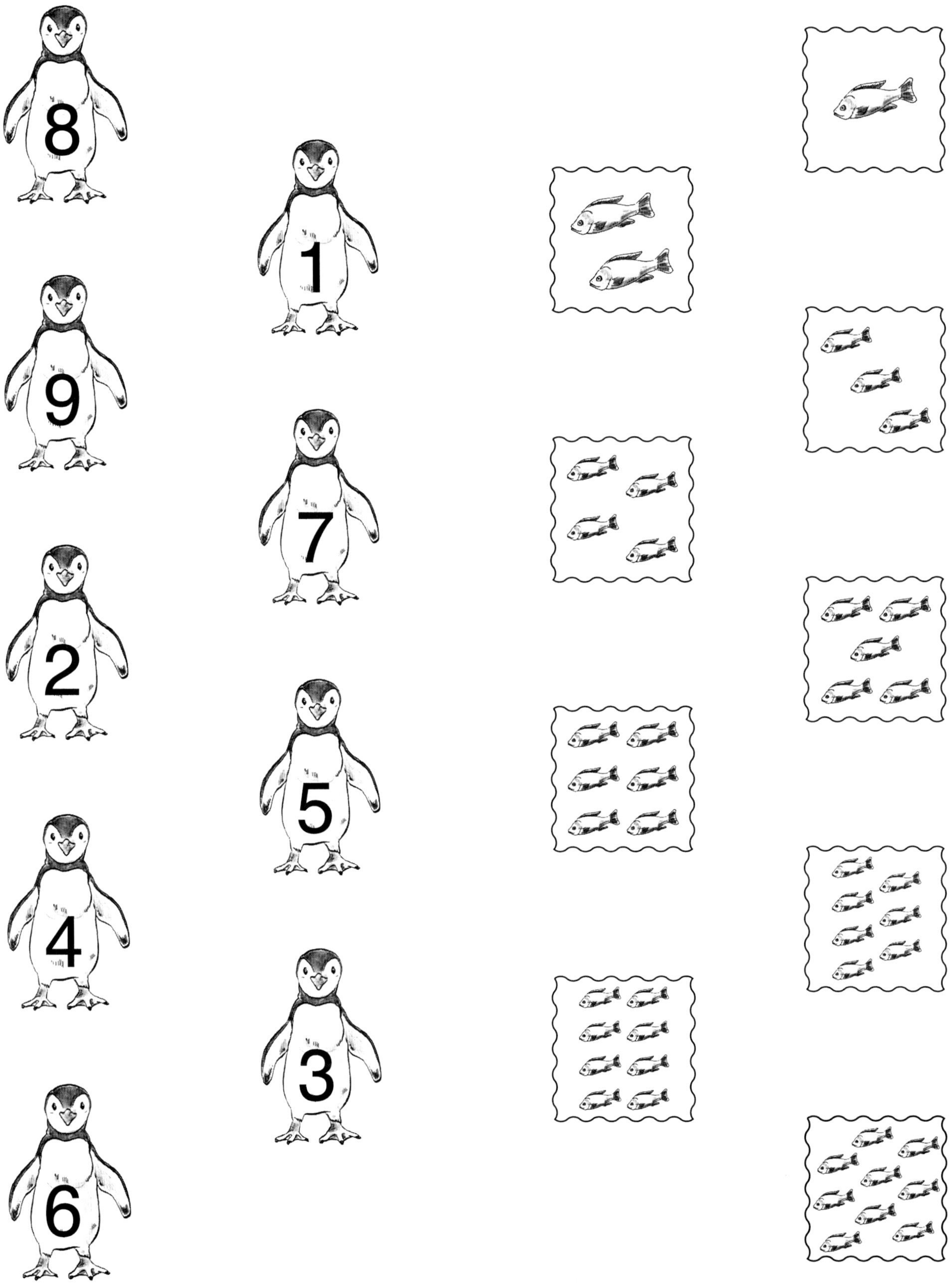

8

1

9

7

2

5

4

3

6

Weihnachten und Chanukka im Kindergarten (1)

Im Kindergarten Regenbogenland herrscht reges Treiben. Die Adventszeit hat begonnen und alle sind dabei, den Gruppenraum weihnachtlich zu dekorieren. Alles soll schön festlich aussehen, denn nächste Woche findet die Adventsfeier statt, zu der alle Eltern eingeladen wurden.
Ein schöner Adventskalender steht bereits neben der Bauecke. 24 Jutesäckchen liegen auf einem Schlitten. Der Kalender war schon fertig, als die Kinder heute in die Gruppe kamen.
Nach dem Morgenkreis darf sich jeder aussuchen, was er heute mit vorbereiten möchte. Eine Gruppe stellt Tischschmuck her, eine andere Gruppe bastelt eine Lichterkette und eine weitere Gruppe bereitet den Teig für leckere Plätzchen vor. Alle sind sehr beschäftigt und mit Feuereifer bei der Sache. Nur Lana und Elias schauen ein wenig bedrückt und haben nicht so recht Lust.

Mittags im Kreis fragt Aleena, die Erzieherin, die beiden, was denn los sei. Elias erzählt: „Na, ich finde das ja alles sehr schön, mit dem Weihnachtsschmuck und den Plätzchen, aber Lana und ich, wir feiern Weihnachten ja gar nicht. Wir sind Juden und wir feiern andere Feste. Aber hier im Kindergarten feiern wir nur christliche Feste und nie ein jüdisches Fest."
„Das kann ich verstehen, dass ihr da ein wenig traurig seid", sagt Aleena. „Schaut einmal, ich bin auch keine Christin, sondern Muslimin. Bei uns wird auch kein Weihnachten gefeiert. Dafür gibt es auch bei uns andere Feste. Gibt es denn bei euch ein Fest, das ihr demnächst feiert?"
„Ja, klar", meint Lana. „Wir feiern nächste Woche das Chanukka-Fest."
„Und bei dir, Aleena?", fragt Philipp nach. „Gibt es bei euch ein Fest, das ihr jetzt zur Weihnachtszeit feiert?"
„Oh, Feste haben wir auch, die sind allerdings jedes Jahr zu unterschiedlichen Zeiten. Dieses Jahr ist keines unserer Feste in der Adventszeit. Wenn das nächste Fest gefeiert wird, kann ich euch ja einmal davon erzählen. Aber ihr beiden, Lana und Elias, ihr könntet uns doch einmal von eurem Chanukka-Fest erzählen. Das fände ich sehr interessant."
Da beginnen die beiden zu erzählen:
„Chanukka findet auch bei uns nicht immer zur selben Zeit statt. Jedenfalls nicht, wenn man nach eurem Kalender geht. Wir Juden haben einen eigenen Kalender, der auch, genau wie bei euch, 12 Monate andauert, ein Schaltjahr hat 13 Monate. Der erste Monat beginnt allerdings zu einer anderen Zeit als euer Januar. Der 9. Monat ist bei uns der Kislew, am 25. Kislew feiern wir Chanukka. Das ist nach eurem Kalender immer im November oder Dezember, je nachdem. Chanukka wird acht Tage lang gefeiert und dauert bis zum 2. oder 3. Tevet."
„Also bei uns", meldet sich da Philipp zu Wort, „wird an Weihnachten ja die Geburt Jesu, dem Sohn Gottes, gefeiert. Wie ist das bei euch, was feiert ihr an Chanukka?"
„An Chanukka feiern wir die Wiedereinweihung des Tempels in Jerusalem. 165 v. Chr. war es so, dass das heutige Israel von griechischen Besatzern beherrscht wurde. Diese verboten es den Juden, ihre Religion auszuüben. Sogar der Tempel wurde entweiht. Einer Legende nach haben makkabäische Widerstandskämpfer einen Aufstand angeführt, der die Besatzer verjagte. Als die Widerstandskämpfer den Tempel reinigten, fanden sie noch einen kleinen Krug mit geheiligtem Öl. Mit diesem Öl zündeten sie die Menora, einen Leuchter im Inneren des Tempels, an. Eigentlich hätte das Öl nur für einen Tag gereicht, aber ein Wunder geschah: Die Menora brannte ganze 8 Tage lang. So lange, bis die Juden neues Olivenöl gewinnen konnten."
„Das ist ja interessant", meint Aleena, „dann ist euer Chanukka ja auch ein Lichterfest, oder? Wie wird denn Chanukka bei euch gefeiert?"
„Also, es gibt eine sogenannte Chanukkia, das ist ein achtarmiger Leuchter. In der Mitte des Leuchters steht die neunte Kerze, der Schamasch. Sie heißt auch Dienerkerze. Damit wird jeden Tag eine weitere Kerze an der Chanukkia entzündet. Dabei werden Segenssprüche aufgesagt und wir singen viele Lieder. So wie ihr die Weihnachtslieder habt, gibt es bei uns Chanukka-Lieder.

Weihnachten und Chanukka im Kindergarten (2)

Weil das Öl bei diesem Fest eine so große Rolle spielt, gibt es bei uns keine Plätzchen, sondern leckere Sachen, die in Öl gebacken werden, zum Beispiel die Latkes (Reibekuchen, Rezept s. S. 44) oder auch die Sufganiot. Das sind Krapfen oder Berliner.
Dann gibt es noch ein Spiel, das Dreidel-Spiel. Damals, als Israel von griechischen Besatzern beherrscht wurde, durften die Juden ihre Religion nicht ausüben. Sie durften keinen Schabbat halten und auch nicht die Tora lesen. Viele Juden widersetzten sich und taten dies trotzdem. Wenn dann eine Patrouille kam, versteckten sie die Schriften und spielten Dreidel (s. S. 45).
An Chanukka gibt es auch Geschenke und Geld, dies spielt aber nicht so eine große Rolle."
„Mensch, das ist ja interessant", meint Aleena. „Zu unserer Adventsfeier könnten wir doch dann eigentlich auch Chanukka feiern, wenn dies schon am selben Tag beginnt! Ihr könntet vielleicht die Chanukkia mitbringen und wir zünden die erste Kerze gemeinsam an? Eure Eltern könnten den Segen sprechen und uns vielleicht ein Lied beibringen. Was meint ihr?"
„Das ist eine tolle Idee", stimmen die Kinder begeistert zu!

Hinweis:
Der Schabbat / Sabbat ist für die Juden der wichtigste Tag in der Woche. Es ist der Tag, an dem die Arbeit ruht und Gott gedankt wird. Der Schabbat beginnt Freitagsabends und ist mit dem christlichen Sonntag vergleichbar. Die Tora ist ein Teil der Bibel im Judentum. In der Tora stehen die fünf Bücher Mose. Darin findet man die zehn Gebote.

Latkes (Reibekuchen) (ab 3 Jahren, ergibt etwa 25 kleine Reibekuchen)

Zutaten:
15 (große) Kartoffeln, 4 Zwiebeln, 10 EL Mehl, 3 Eier, 2 EL saure Sahne, Salz, Pfeffer, Öl, Apfelmus

Arbeitsmittel:
1 Reibe (am einfachsten geht es mit einer Küchenmaschine), 1 Esslöffel, 1 Rührlöffel, 1 große Schüssel, 1 Schneidebrett, 1 Messer, Pfanne, Herd, Küchenpapier, Backblech, 1 Schöpfkelle, 1 Pfannenwender

Zubereitung:
Die Kartoffeln schälen und entweder von Hand reiben oder in der Küchenmaschine zerkleinern.
Die Zwiebeln ebenfalls schälen und kleinwürfeln.
Kartoffeln, Zwiebeln, Mehl, Eier und die saure Sahne in eine große Schüssel geben und gut verrühren.
Mit Salz und Pfeffer würzen.
Öl in der Pfanne heiß werden lassen und eine Kelle Reibekuchenteig in das heiße Öl geben (Vorsichtig, das Öl könnte spritzen). Von beiden Seiten knusprig braun anbraten. Das Backblech mit Küchenpapier auslegen und den fertigen Reibekuchen darauf abtropfen lassen.
Zu den warmen Reibekuchen schmeckt sehr gut etwas Apfelmus.

BVK • Jenny Hütter: Kita aktiv „Projektmappe Winter"

Dreidel-Spiel (ab 3 Jahren, für 2–4 Spieler)

Material:
Dreidel, 5 Materialschälchen, 30 Muggelsteine

Material für den Dreidel:
Kopiervorlage „Dreidel“, 1 Rundholz (etwa 20 cm lang und 5 mm Durchmesser), Schere, Kleber, Prickelnadel, Prickelunterlage, weißer Pappkarton, Heißkleber

Arbeitsanleitung Dreidel:
Die Bastelvorlage „Dreidel“ wird kopiert und auf weißen Pappkarton geklebt. Entlang der durchgezogenen Linie wird die Vorlage ausgeschnitten. Entlang der gestrichelten Linie werden die Klebeflächen nach hinten geknickt. Die beiden Kreise auf der Ober- und Unterseite werden mit der Prickelnadel ausgestochen. Anschließend werden die Klebeflächen mit Kleber bestrichen und der Würfel wird zusammengeklebt. Durch das Loch in der Ober- und Unterseite wird dann das Rundholz geschoben und dieses mit etwas Heißkleber fixiert.

Spielregeln:
Jeder Spieler erhält ein Materialschälchen. Das zusätzliche Schälchen wird in die Mitte gestellt. Die Muggelsteine werden gleichmäßig auf alle Schälchen verteilt.
Das erste Kind beginnt und „würfelt“ mit dem Dreidel. Je nachdem, welche Seite oben liegt, folgt nun eine Aktion:

Nun:	einmal aussetzen, es geschieht nichts
Gimel:	man darf sich alle Steine aus dem Schälchen in der Mitte nehmen
Hej:	man darf sich die Hälfte der Steine aus dem Schälchen in der Mitte nehmen
Schin:	man muss 6 Steine aus seinem Schälchen in die Mitte geben

Die vier Worte auf dem Dreidel (Nun, Gimel, Hej, Schin) sind Buchstaben aus dem hebräischen Alphabet. Sie sind Abkürzungen für den Satz: „Nes Gadol Haja Scham“ – „Ein großes Wunder geschah dort“.

Wer nach fünf gespielten Runden die meisten Steine in seinem Schälchen hat, der hat das Spiel gewonnen.

Kopiervorlage „Dreidel“

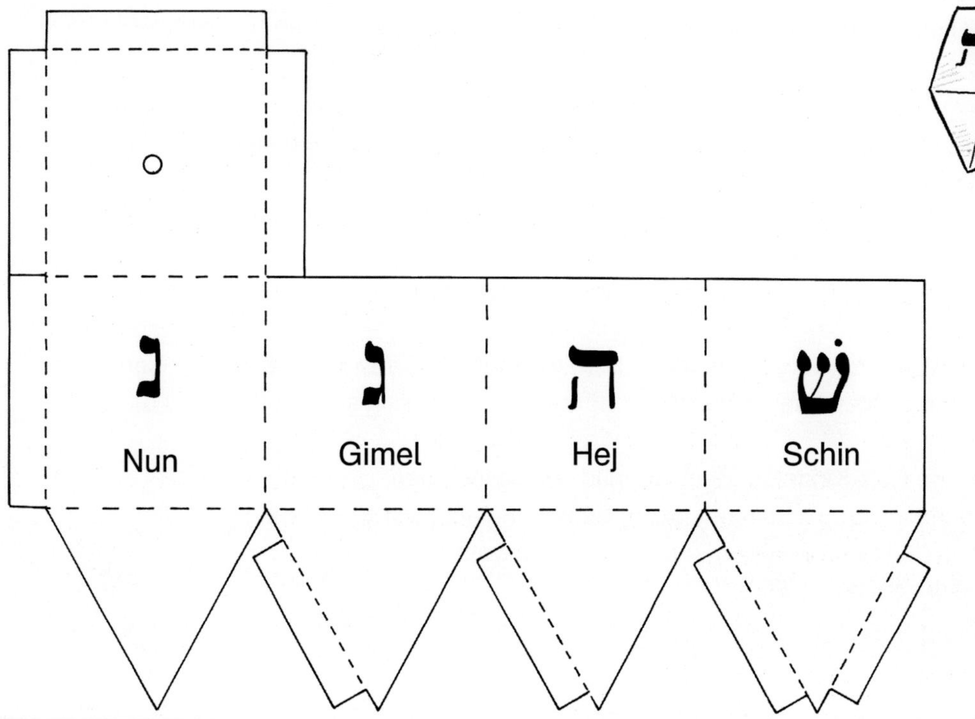

Wortgottesdienst zum Thema „Winter“ (1) (ab 3 Jahren)

Material:
4 Pinnwände, Kopiervorlage „Gottesdienst“ (s. S. 48), Heftzwecken, Spieltiere / Bilder: Eichhörnchen, Wildgans, Igel, Storch, Pferd, Hase, Katze, Fuchs, Wildschwein, Reh, Maulwurf und Fledermaus (hier können Spielfiguren oder Bilder / Zeichnungen, zum Beispiel aus „Schnapp dir die Karte“ auf S. 15, verwendet werden, die angemalt und dann an die Pinnwand geheftet werden), Stifte

Vorbereitung:
Die Bilder „Kopiervorlage Gottesdienst“ werden hochkopiert und angemalt. Ein Bild wird an jede Pinnwand gehängt.

Lied zum Einstieg:
„Die Erde ist schön, es liebt sie der Herr“ *(Text: Verlag Neue Stadt/Redaktion, Musik: Soeur Sourire; aus: Lieder der Mariapoli, Liederbuch mit Noten; Verlag Neue Stadt GmbH, München)*

Einführung:
Die Gottesdienstleitung begrüßt die Gemeinde und spricht einige einführende Worte:
„Liebe Kinder, liebe Eltern,
wir haben uns heute hier versammelt, um einen gemeinsamen Gottesdienst zu feiern. Draußen ist es ganz schön kalt und ihr habt euch bestimmt warm anziehen müssen, um hierherzukommen. Wer von euch kann mir denn sagen, wie man diese Jahreszeit nennt?“ – *die Kinder antworten lassen* „Richtig, das ist der Winter. Was ist so besonders am Winter und woran erkennt man den Winter?“
– die Kinder antworten lassen (z. B. „Es ist kalt.“, „Es liegt Schnee.“, „Es ist lange dunkel.“ ...)
Ihr habt gerade gesagt, dass es draußen ganz schön kalt ist. Was habt ihr denn gemacht, um euch vor der Kälte zu schützen?“ – *die Kinder antworten lassen (z. B. „Wir haben uns Mützen, dicke Stiefel, einen Schal ... angezogen.“)*
Die Gottesdienstleitung lässt einige Kinder ein paar der genannten Kleidungsstücke nach vorne bringen. (Sie werden gut sichtbar für alle vor den Altar gelegt – nach dem Gottesdienst bekommen die Kinder ihre Kleidungsstücke natürlich wieder zurück.)
„Jetzt habt ihr schon ganz viele Sachen genannt, die ihr machen könnt, um euch warmzuhalten. Wer von euch weiß denn, was die Tiere machen, um sich vor dem kalten Winter zu schützen?“
– die Kinder antworten lassen (z. B. „Der Igel verkriecht sich und hält einen Winterschlaf.“, „Einige Vögel fliegen in wärmere Länder.“, „Einige Tiere bekommen ein dickes Winterfell.“ ...)
„Dazu wollen wir jetzt gemeinsam ein Spiel spielen.“
Die Gottesdienstleitung erklärt dazu Folgendes:

Spiel:
„Hier stehen nun einige Pinnwände: An der ersten Wand hängt ein Bild, auf dem ein dichtes Fell zu sehen ist. Da pinnt ihr gleich alle Tiere hin, denen ein dichtes Winterfell wächst.
Auf dem nächsten Bild sieht man eine Sonne, hier kommen alle Tiere hin, die im Winter in wärmere Gegenden auswandern.
Auf diesem Bild sieht man ein schönes, warmes Bett. Hier gehören alle Tiere hin, die einen Winterschlaf halten.
Das letzte Bild zeigt einen Vorrat an Nahrungsmitteln. Hier kommen alle Tiere hin, die sich im Herbst eine Vorratskammer anlegen und während der Winterruhe nur aufstehen, um sich schnell etwas zu essen aus der Vorratskammer zu besorgen.
Alle Kinder (je nachdem, wie viele Kinder an dem Gottesdienst teilnehmen;
Eventuell einzelne Kinder nach vorne kommen lassen) dürfen nun nach vorne kommen und sich je ein Tier nehmen, das sie vor die entsprechende Pinnwand legen.
Danach setzt ihr euch wieder auf euren Platz.“

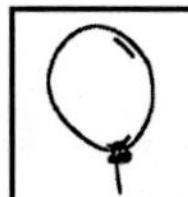

Wortgottesdienst zum Thema „Winter“ (2) (ab 3 Jahren)

Die Gottesdienstleitung spricht im Anschluss mit den Kindern noch einmal darüber, wo welche Tiere hängen und ob dies auch richtig ist (siehe „Tiere im Winter“, S. 4).

Gebet:
„Guter Gott, manchmal müssen wir uns nicht nur vor der Kälte im Winter schützen. Es gibt auch Menschen, die uns „eine kalte Schulter zeigen“, die uns abweisen. Dann müssen wir uns vor menschlicher Kälte hüten. So wie dem Reh oder dem Wildschwein im Winter ein dichtes schützendes Fell wächst, so können wir uns durch den Glauben an dich, den guten Gott, und durch christliches Handeln vor dieser menschlichen Kälte schützen. Hilf uns in unserem Glauben. Im Namen des Vaters und des Sohnes und des heiligen Geistes. Amen.“

Fürbitten:

1. Kind: „Guter Gott, manche Menschen begegnen uns unfreundlich. Hilf uns dabei, das Gute in ihnen zu sehen.“
   Gemeinde: „Wir bitten dich, erhöre uns.“

2. Kind: „Guter Gott, manchmal haben wir große Angst vor etwas und die Angst läuft uns wie *ein kalter Schauer den Rücken* herunter. Hilf uns, wenn wir Angst haben.“
   Gemeinde: „Wir bitten dich, erhöre uns.“

3. Kind: „Guter Gott, wenn ich mich mit meinem Freund gestritten habe und ihm *die kalte Schulter gezeigt habe,* hilf mir dabei, meine Fehler einzusehen und um Verzeihung zu bitten.“
   Gemeinde: „Wir bitten dich, erhöre uns.“

4. Kind: „Guter Gott, hilf aber auch meinem Freund dabei, mir zu vergeben.“
   Gemeinde: „Wir bitten dich, erhöre uns.“

5. Gottesdienstleitung: „Guter Gott, deine unendliche Liebe ist für uns wie ein wärmender Pullover im kalten Winter. Wir bitten für alle Menschen, die alleine sind, für gute Freunde. Wir bitten für alle Menschen, die krank sind, für ihre Gesundheit. Wir bitten für alle Verstorbenen für ewiges Leben.“
   Gemeinde: „Wir bitten dich, erhöre uns.“

Hinweis:
Die Fürbitten können von einzelnen Kindern oder von mehreren Erwachsenen gesprochen werden.

Segen:
Die Straße komme dir entgegen. Der Wind stärke dir den Rücken.
Die Sonne scheine warm dir ins Gesicht. Der Regen falle sanft auf dein Feld.
Bis wir uns wiedersehen, berge Gott dich in der Tiefe seiner Hand.
(irischer Segensspruch)

Schlusslied:
„Wenn das Brot, das wir teilen“ *(Text: C.P. März/Musik: Kurt Grahl)*

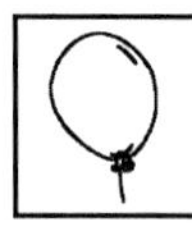

Kopiervorlage „Gottesdienst"

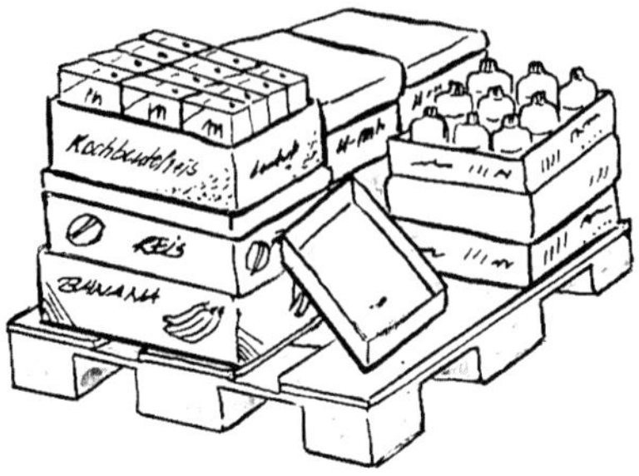

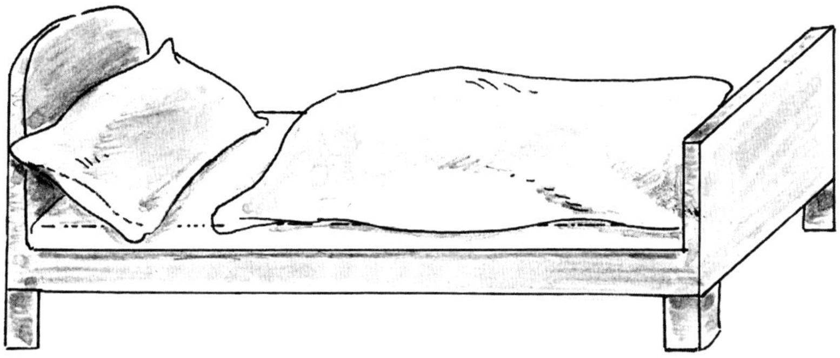

Winter-Olympiade (ab 2 Jahren)

Wenn Sie das Thema „Winter" nicht mit einer Weihnachtsfeier oder einem Karnevalsfest ausklingen lassen möchten, bietet sich eine Winter-Olympiade als Abschlussfest an. Dazu können die Eltern eingeladen werden und Eltern und Kinder durchlaufen gemeinsam die verschiedenen Stationen der Winter-Olympiade.

Material:
festes Papier/Tonkarton, Kopiervorlagen „Einladung" und „Stationspass für die Winter-Olympiade" (beide s. S. 49), Scheren, Buntstifte, Bleistift, Lineal, Kopiervorlage „Spiele für die Winter-Olympiade" (s. S. 50/51)

Vorbereitung:
Für die Winter-Olympiade werden Stationspässe benötigt, die im Vorfeld angefertigt und am Einlass an jeden Teilnehmer ausgegeben werden. Dafür werden etwa 15 x 20 cm große Rechtecke auf Tonkarton aufgemalt und ausgeschnitten. Die Eltern schreiben die Namen der Kinder auf den Pass.

Die Vorlage „Stationspass" wird mehrfach kopiert. Die einzelnen Karten werden ausgeschnitten und an die jeweilige Station gelegt. Hat der Teilnehmer an der Station mitgespielt, so bekommt er ein Bild dieser Station, das er auf seinen Olympiaden-Pass klebt. An jede Station wird eine Beschreibung des Spiels von der Kopiervorlage „Spiele für die Winter-Olympiade" gelegt.

Arbeitsanleitung:
Die Kopiervorlage „Einladung" wird auf festes Papier kopiert und ausgeschnitten. Jedes Kind malt seine Einladung, die es für seine Eltern mit nach Hause nimmt, mit Buntstiften an.

Kopiervorlage „Einladung“

(bitte um 25 %
hochkopieren)

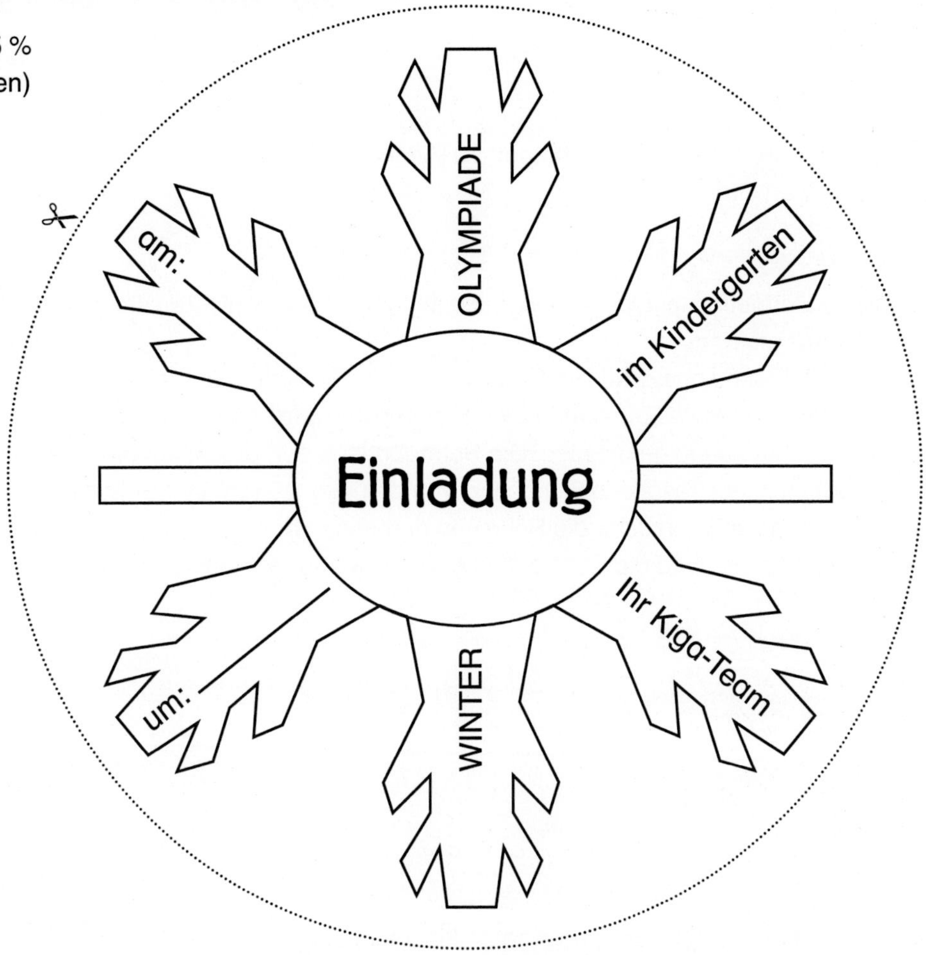

WINTER
OLYMPIADE

Einladung

im Kindergarten

am:

um:

Ihr Kiga-Team

Kopiervorlage „Stationspass für die Winter-Olympiade“

BVK • Jenny Hütter: Kita aktiv „Projektmappe Winter“

Spiele für die Winter-Olympiade (1) (ab 2 Jahren)

Biathlon

Material:
3 Bälle, 1 Einkaufstasche (Jutebeutel), 1 Kriechtunnel, 10 Pylonen, 1 kleiner Kasten, 1 Stoppuhr, 1 Stift, 1 Klebestift

Spielmöglichkeit:
Für dieses Spiel wird eine Betreuungsperson benötigt, die mit der Stoppuhr die Zeit stoppt und diese nachher in den Stationspass einträgt.
Die drei Bälle werden in die Tasche gesteckt. Die Pylonen werden als Slalom aufgebaut. Der Tunnel wird davorgelegt. Im Abstand von etwa 5 m zum letzten Slalompylon wird der kleine Kasten aufgestellt.
Auf ein vorab vereinbartes Kommando geht es los. Die Betreuungsperson drückt auf die Stoppuhr.
Das Kind läuft mit den Bällen in der Tasche los, kriecht durch den Tunnel, rennt im Slalom um die Pylonen herum, stoppt am letzten Pylon und versucht, die Bälle von dort aus in den kleinen Kasten zu werfen. Wenn der letzte Ball geworfen worden ist, wird die Zeit gestoppt. Diese wird nun in den Stationspass eingetragen.

Schlittschuhlaufen

Material:
4 Bierdeckel, Kreppklebeband, 1 Stift, 1 Klebestift

Spielmöglichkeit:
Mit dem Kreppklebeband werden eine Start- und eine Ziellinie markiert.
Diese befinden sich in einem Abstand von etwa 20 m.
Es treten zwei Familienmitglieder gegeneinander an. Beide stellen sich an die Startlinie und haben unter jedem Fuß einen Bierdeckel. Auf ein vorher vereinbartes Kommando geht es los. Auf den Bierdeckeln versucht nun jeder, so schnell wie möglich zur Ziellinie zu gelangen.

Schlittenfahrt

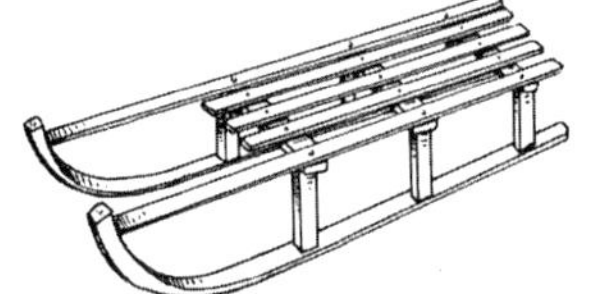

Material:
1 Sprossenwand, 1 Langbank, 1 Teppichfliese, 1 Klebestift, Weichbodenmatten und Gymnastikmatten zum Absichern

Spielmöglichkeit:
Die Langbank wird in die Sprossenwand eingehängt. Mit den Weichboden- und Gymnastikmatten wird die Station am Boden abgesichert.
Der Spieler klettert mit der Teppichfliese die Sprossenwand hinauf, legt die Teppichfliese auf die Langbank, setzt sich darauf und rutscht auf der Teppichfliese die Bank hinunter.

Hinweis:
Wenn die Sprossenwand groß genug ist oder zwei Wände nebeneinanderhängen, können bei diesem Spiel auch zwei Familienmitglieder gegeneinander antreten.
Wer am schnellsten den Berg hinuntergerodelt ist, gewinnt dieses Spiel.

Spiele für die Winter-Olympiade (2) (ab 2 Jahren)

Schneeballweitwurf

Material:
Zeitungspapier, 1 kleiner Kasten, Kreppklebeband, 1 Klebestift

Spielmöglichkeit:
Mit dem Klebeband wird eine Linie markiert. Der kleine Kasten wird im Abstand von 5 m zu dieser Linie mit der Öffnung nach oben aufgestellt. Die Zeitungen werden zu Bällen zusammengeknüllt und an die Wurflinie gelegt.
Bei diesem Spiel spielen alle Familienmitglieder miteinander. Es soll versucht werden, alle Schneezeitungsbälle in den Kasten zu werfen.

Skispringen

Material:
1 Langbank, 1 Trampolin, 1 Weichbodenmatte, 1 Stift, 1 Klebestift, 1 Zentimetermaß

Spielmöglichkeit:
Für dieses Spiel wird eine Betreuungsperson benötigt. Diese misst, wie weit die einzelnen Teilnehmer gesprungen sind.
Die Langbank wird aufgestellt. Direkt dahinter steht das Trampolin und dahinter liegt die Weichbodenmatte. Der erste Spieler läuft über die Langbank, springt auf das Trampolin, auf dem er auch noch ein paar Mal hüpfen darf, und springt dann so weit wie möglich auf die Weichbodenmatte.
Die Betreuungsperson misst mit dem Zentimetermaß nach, wie weit der Spieler gesprungen ist. Dabei wird vom Anfang der Weichbodenmatte bis zum „Landepunkt" gemessen. Diese Distanz wird im Olympiaden-Pass vermerkt.

Schneeschuhlaufen

Material:
2 Paar Schneeschuhe, 10 Pylonen, 1 Weichbodenmatte, 2 kleine Kästen, Kreppklebeband, 1 Klebestift

Spielmöglichkeit:
Mit dem Kreppklebeband wird eine Start- und eine Ziellinie markiert. Im Abstand von etwa 3 m zur Startlinie wird die Weichbodenmatte quer hingelegt. Kurz dahinter werden nebeneinander die beiden Kästen aufgestellt. Jeweils hinter beiden Kästen werden fünf Pylonen für einen Slalom positioniert.
Es treten zwei Familienmitglieder gegeneinander an. Beide schlüpfen in die Schneeschuhe (die Tatsache, dass sie nicht passend sind, macht die ganze Sache umso lustiger) und stellen sich an der Startlinie auf. Auf ein vorher vereinbartes Kommando geht es los – über die Weichbodenmatte, über den kleinen Kasten, durch den Slalomparcours und wieder zurück zur Ziellinie.

Ausrüstung der Wintersportler (ab 4 Jahren)

Ordne die Ausrüstungsgegenstände der passenden Wintersportart zu.

Verbinde sie mit einer Linie.

Male die Bilder anschließend an.

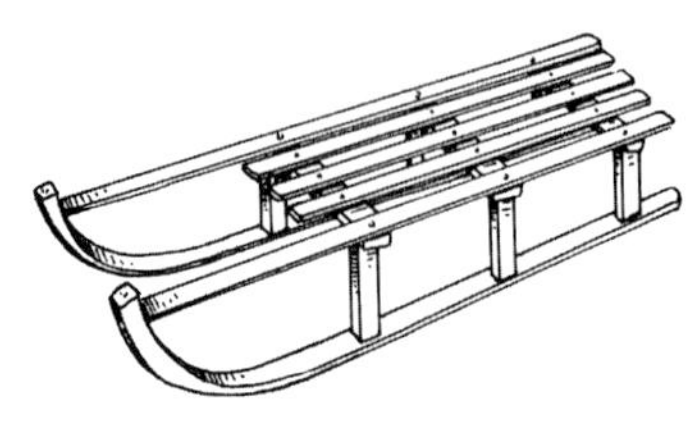

Fantasiereise (ab 3 Jahren)

Material:
1 Matte oder Decke für jedes Kind, 1 weißes Tuch, Wattebällchen

Vorbereitung:
Die Matten werden sternförmig im Raum angeordnet. In der Mitte wird das Tuch ausgebreitet. Die Wattebällchen liegen als Schneeflocken auf dem Tuch.

Hinweis:
Die drei Pünktchen in der Geschichte markieren jeweils eine Erzählpause.
Im Anschluss an die Fantasiereise kann ein Schneemann gebastelt (z. B. Schneemann-Reißtechnik auf S. 21) oder ein Mandala von den Seiten 54/55 angemalt werden.

Geschichte:
Lege dich so auf deine Matte, dass du bequem liegst … deine Arme, deine Beine und dein Kopf liegen entspannt … Schließe deine Augen.

Stelle dir einmal vor, wie es draußen aussieht. Es ist ein kalter Wintertag. Es schneit dicke Schneeflocken vom Himmel herunter … Die Luft ist eisig kalt. Wenn du ausatmest, siehst du deinen Atem als weiße Wolke in der Luft verschwinden … Eine schöne, dichte Schneedecke hat sich auf dem Boden gebildet. Vom Rasen ist bereits nichts mehr zu sehen. Auch der Sandkasten ist unter einer dicken Schneedecke verborgen … Du beschließt, dass es das richtige Wetter ist, um einen Schneemann zu bauen.

Mit deinen Händen nimmst du dir Schnee … Gut, dass du ein Paar dicke Handschuhe trägst … und formst diesen zu einer schönen festen Kugel … Die Kugel legst du in den Schnee und rollst sie durch den ganzen Garten … rechts herum, links herum, nach vorne … bis du eine schöne dicke Kugel hast … Ja, die sieht schon einmal gut aus … Jetzt brauchst du eine zweite Kugel. Wieder nimmst du dir eine dicke Handvoll Schnee und rollst sie durch die schöne Schneedecke … Aber gut aufpassen, dass die Kugel nicht zu dick wird. Schließlich muss sie noch auf die andere Schneekugel oben drauf … Wenn du das geschafft hast, machen wir uns an den Kopf … Wieder nimmst du dir Schnee und formst ihn zu einer Kugel. Diesmal aber nicht so groß, der Kopf ist natürlich kleiner als der Bauch … Wenn du das geschafft hast, setzt du den Schneekopf ganz oben auf die anderen beiden Kugeln hinauf … Zum Schluss darf natürlich das Gesicht nicht fehlen. Aus deiner Tasche zauberst du eine Mohrrübe. Die setzt du deinem Schneemann mitten ins Gesicht … Aber für das Gesicht brauchst du noch etwas mehr. Mal schauen, was die Jackentasche noch so hergibt … Ach da, da ist ja was. Ein paar gesammelte Steine. Zwei der größeren Steine werden die Augen … die kleineren Steine setzt du als Mund in eine Reihe … Ja, das sieht schon mal gut aus! Fehlt nur noch der Hut oder die Mütze. Schaue dich einmal um, vielleicht entdeckst du in der Winterlandschaft ja etwas, das du als Hut nehmen kannst … Vielleicht das Förmchen, das da im Sandkasten aus dem Schnee herausragt … Du holst es dir und setzt es deinem Schneemann auf den Kopf … So ist es perfekt … Richtig gut sieht dein Schneemann aus …

Mittlerweile ist es auch ganz schön kalt geworden. Wirf einen letzten Blick auf deinen Schneemann … Kehre mit deinen Gedanken wieder hier in den Kindergarten zurück … Deinen Schneemann behältst du als Erinnerung in deinen Gedanken zurück … Öffne deine Augen und setze dich langsam wieder hin …

Nordpol-Mandala **(ab 3 Jahren)**

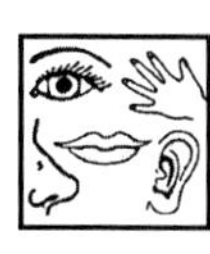

BVK • Jenny Hütter: Kita aktiv „Projektmappe Winter“

Südpol-Mandala (ab 3 Jahren)

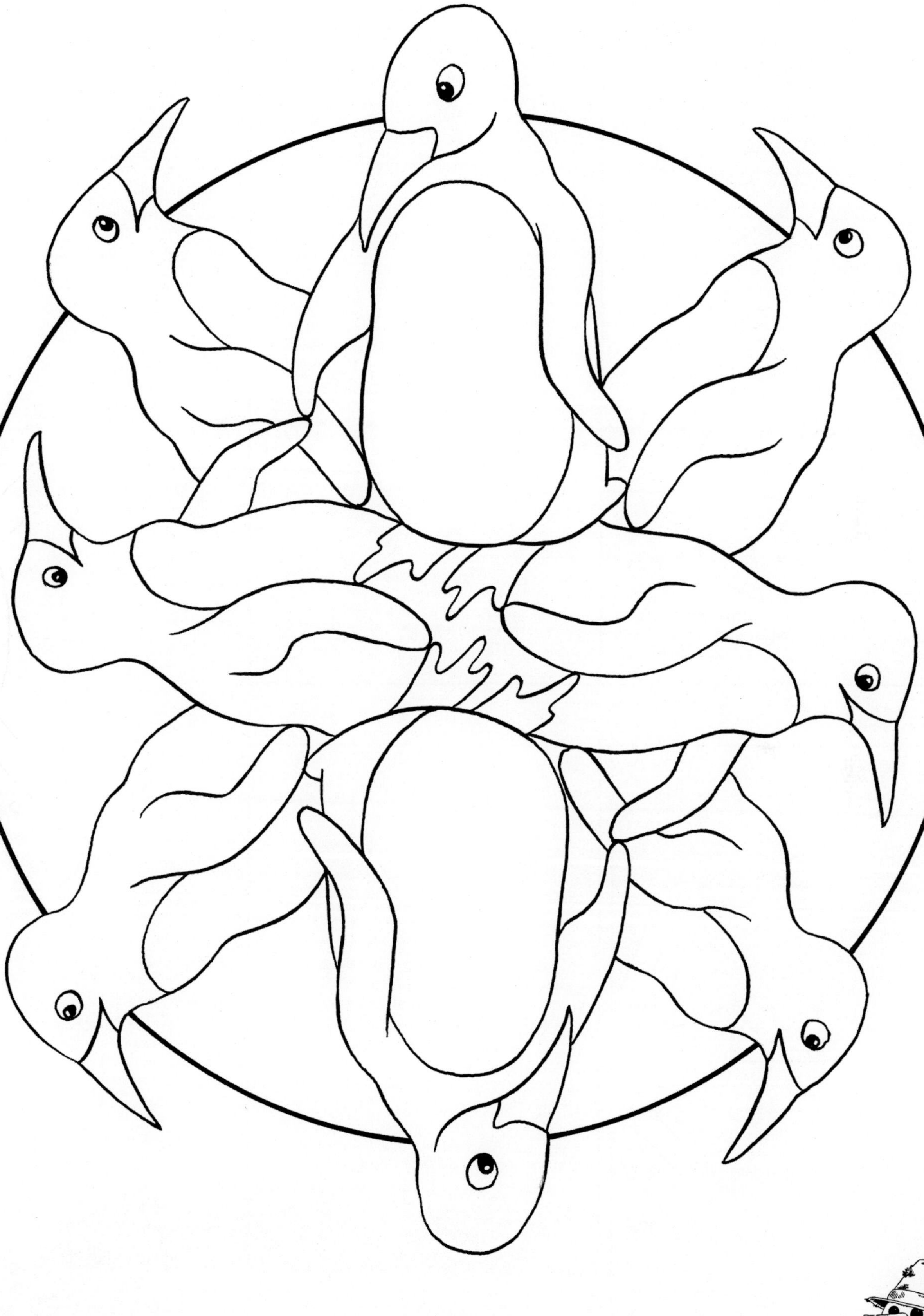

Eiskristalle (ab 5 Jahren)

Hier siehst du die Hälfte eines Eiskristalls.

Zeichne die andere Hälfte dazu!

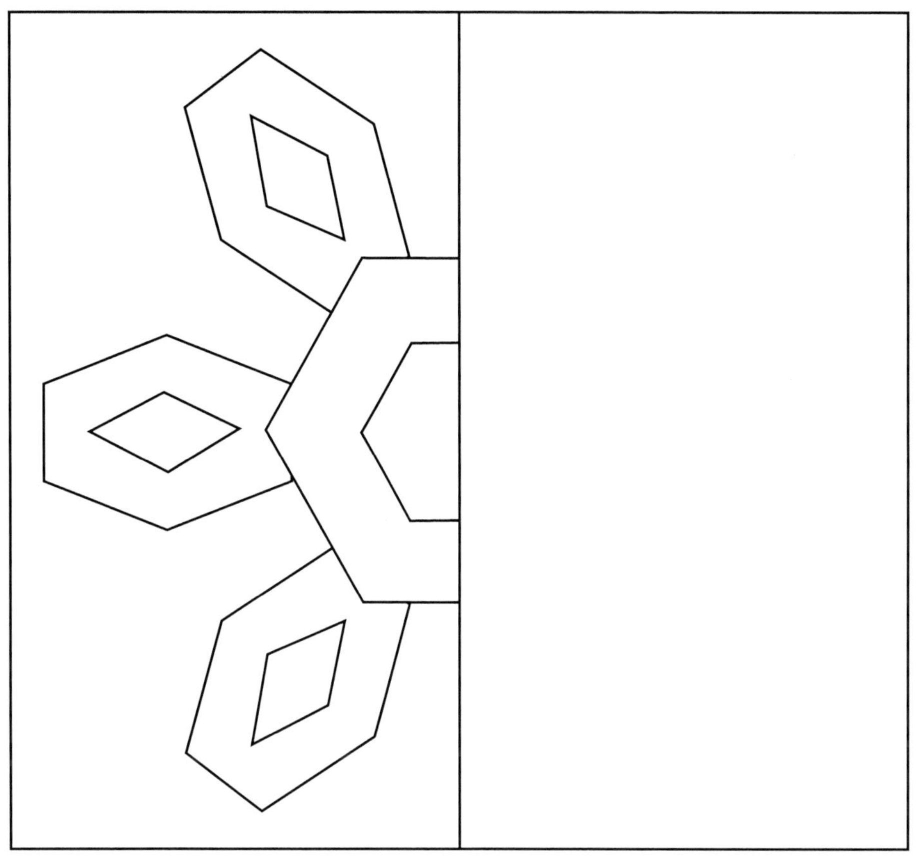

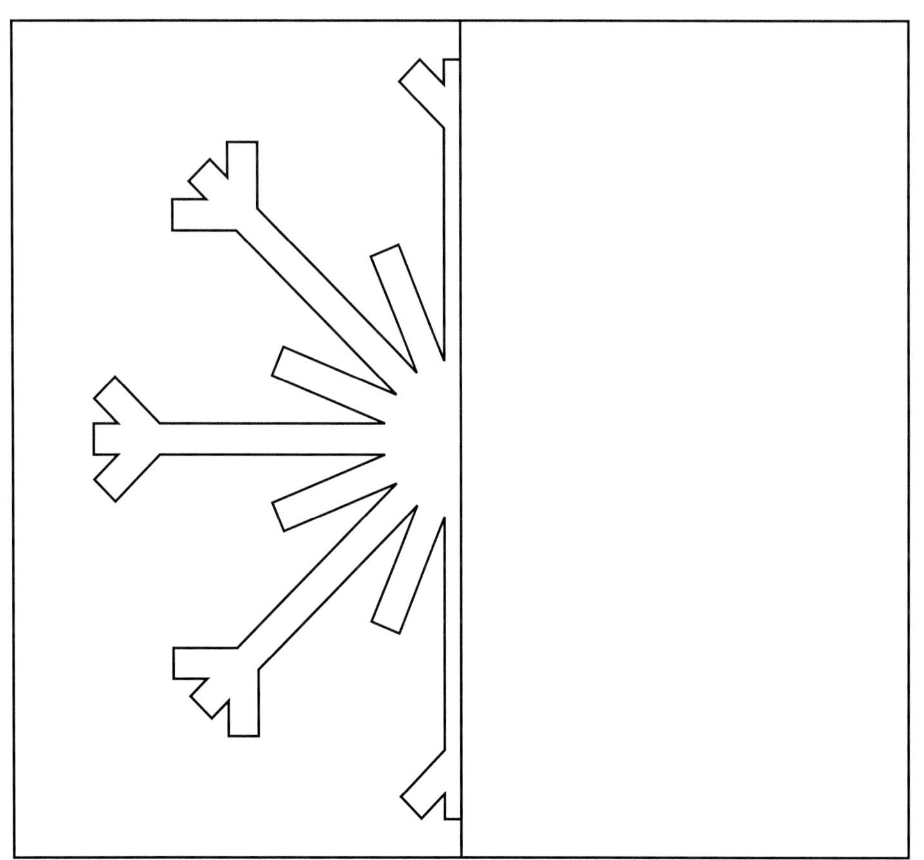

Schneebilder (ab 3 Jahren)

Material:
1 Spiegel, evtl. 1 Tisch (mind. so groß wie oder größer als der Spiegel), Rasierschaum, evtl. Malkittel, CD-Player und CD mit Entspannungsmusik

Spielmöglichkeit:

1. Der Spiegel wird auf den Tisch oder alternativ auf den Boden gelegt. Die Musik wird angestellt und läuft leise im Hintergrund.

2. Etwas Rasierschaum wird auf den Spiegel gesprüht. Die Kinder verteilen mit den Händen den Rasierschaum über den ganzen Spiegel. Anschließend werden mit den Fingern unterschiedliche Bilder / Formen in den Schneeschaum gemalt. Hinterher können die Bilder wieder verwischt und neue gemalt werden. Bei Bedarf wird zwischenzeitlich neuer Rasierschaum auf den Spiegel gegeben.

Hinweis:
Bitte achten Sie darauf, dass sich die Kinder den Rasierschaum nicht in den Mund stecken. Bei jüngeren Kindern kann man alternativ auch Quark verwenden.

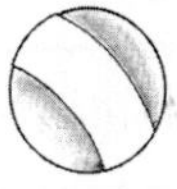

Schneespuren (ab 4 Jahren)

Material:
diverse Gegenstände (Gabel, Baustein, Schere, Teller, Schuh, Sandförmchen, Stift, Flasche, Ball, CD-Hülle etc.), 1 Kiste, 1 Tuch; Wenn kein Schnee liegt, zusätzlich: weiße Blätter, Bleistift

Spielmöglichkeit:
Das Spiel wird nach Möglichkeit draußen im Schnee gespielt. Die Erzieherin legt die gesammelten Gegenstände in eine Kiste und deckt diese mit einem Tuch ab.
Die Kinder stehen in einem großen Kreis im Schnee und schließen die Augen.
Die Erzieherin nimmt einen Gegenstand aus ihrer Kiste und macht damit einen Abdruck in den Schnee. Sie legt den Gegenstand zurück und bittet die Kinder, die Augen wieder zu öffnen. Diese dürfen nun raten, welcher Abdruck im Schnee zu sehen ist. Wer es als Erster errät, darf den nächsten Abdruck in den Schnee machen.
Können die Kinder nicht erraten, worum es sich bei dem Abdruck handelt, zeigt die Erzieherin den Kindern die Gegenstände in der Kiste. Ist es dann immer noch zu schwer, nimmt sie einen Gegenstand nach dem anderen heraus und hält ihn neben den Schneeabdruck. Die Kinder rufen „Stopp“, wenn eines der Materialien zu dem Abdruck im Schnee passt.

Alternativ lässt sich das Spiel bei wärmeren Temperaturen (ohne Schnee) auch etwas abändern. In die Mitte wird ein weißes Blatt gelegt. Während die Kinder die Augen geschlossen haben, malt die Erzieherin mit dem Bleistift den Umriss des Gegenstandes auf das Blatt Papier.

Bewegungsgeschichte „Puck und Pitz“ (ab 2 Jahren)

© Text: überliefert/Bewegungsvorschläge: Jenny Hütter

Material:
Wattebällchen

Spielmöglichkeit:
Alle Kinder stellen sich hin und erhalten 5–10 Wattebällchen, die sie in den Fäusten verstecken.
Die Erzieherin liest den Text vor und macht die entsprechenden Bewegungen gemeinsam mit den Kindern.

Geschichte	Bewegungen zum Text
Puck und Pitz, zwei Zwergenleute, laufen vor ihr Häuschen heute,	*auf der Stelle gehen*
rufen: „Seht nur, weit und breit, es hat geschneit, es hat geschneit!“	*die Hand über die Augen legen und schauen*
Die Flocken fallen leicht und sacht, jetzt geht es zu der Schneeballschlacht.	*mit den Wattebällchen eine Schneeballschlacht machen*
Den Schneeball werfen Puck und Pitz, sich hin und her, schnell wie der Blitz.	*sich gegenseitig Wattebällchen zuwerfen*
Sie wollen mit dem Schlitten fahr'n, nun geht es auf die Rodelbahn.	*auf der Stelle gehen, pantomimisch einen Schlitten hinter sich herziehen*
Hui, hinab fahr'n sie ins Tal, und so geht es viele Mal'.	*auf dem Po durch den Raum rutschen*
Auch Schlittschuh laufen Puck und Pitz, und fall'n sie hin, so schadet's nix.	*hinstellen und mit den Füßen über den Boden rutschen*
Frau Holle aber oben lacht: „Ja, ja, das hab ich fein gemacht.“	*lachen und sich auf die Schulter klopfen*

Wintersport (ab 4 Jahren)

✏ Ergänze die Bewegungen dieser Wintersportler auf dem Blatt.

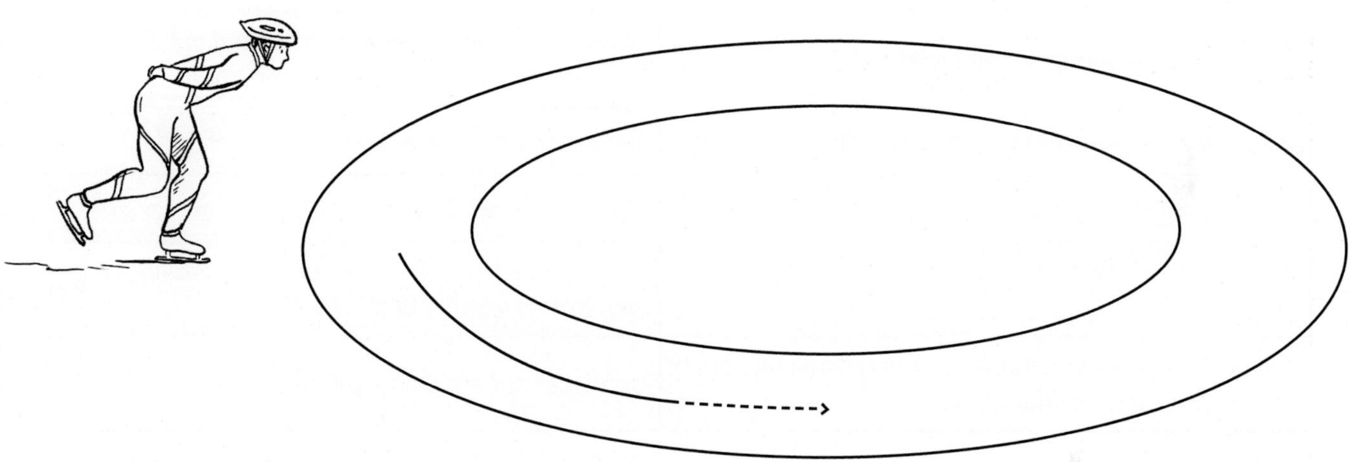

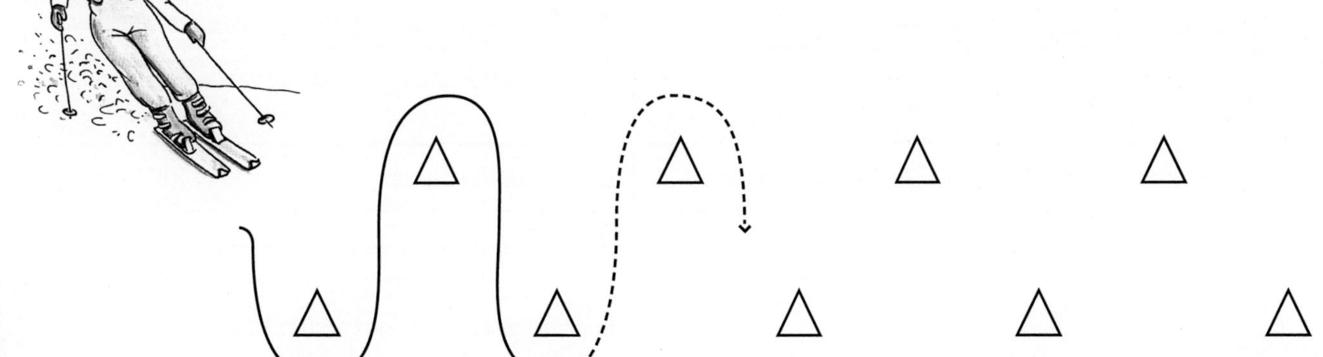

Bewegungsgeschichte „Die Schlittenfahrt“ (ab 2 Jahren)

Vorlesetext	Bewegungen
An so einem schönen eisig kalten Wintertag wollen wir eine Schlittenfahrt machen! Was brauchen wir denn für so einen Ausflug?	*Kinder benennen lassen, was man dafür benötigt (z. B. Schlitten, dicke Jacke, Mütze, Schal, dicke Stiefel …)*
Genau. Als Erstes müssen wir uns schön warm anziehen. Zuerst schlüpfen wir in unsere Winterstiefel.	*pantomimisch Stiefel anziehen*
Weiter geht es mit der dicken Winterjacke.	*pantomimisch eine Jacke anziehen*
Als Nächstes kommen Schal und Mütze.	*pantomimisch Schal und Mütze anziehen*
Nun müssen wir noch den Schlitten aus dem Keller holen. Dazu geht es die steile Wendeltreppe hinunter,	*sich auf der Stelle im Kreis drehen und dabei in die Hocke gehen*
den Schlitten gepackt	*mit den Armen pantomimisch einen schweren Gegenstand tragen*
und die Treppe wieder hinauflaufen.	*in die Hocke gehen, sich im Kreis auf der Stelle drehen und sich dabei wieder aufrichten*
Wir öffnen die Haustüre und treten hinaus.	*mit der Hand pantomimisch eine Türe öffnen*
Mensch, ist das eisig kalt heute!	*die Arme umschlingen den Oberkörper – zittern*
Wir stellen den Schlitten auf den Boden – und los geht es!	*pantomimisch einen schweren Gegenstand auf den Boden legen; auf der Stelle gehen*
Am besten gehen wir etwas schneller, damit uns auch schön warm wird bei der Kälte.	*schneller auf der Stelle gehen*
Da sind wir ja auch schon am Rodelberg! Jetzt wird es anstrengend, wir ziehen den Schlitten bergauf.	*mit großen Schritten auf der Stelle gehen, dabei den Oberkörper leicht nach vorne beugen (bergaufgehen) und den Schlitten hinter sich herziehen*
Aber schon geht es mit lautem „Juchhu“ den Berg hinunter.	*auf den Popo setzen und ein Stück rutschen, dabei laut juchzen (einige Male wiederholen)*
Mensch, das war aber anstrengend,	*sich mit der Hand über die Stirn wischen und seufzen*
es wird Zeit für uns, wieder nach Hause zu gehen.	*auf der Stelle gehen*
Wir schließen die Haustüre auf	*Schlüssel drehen und Türe öffnen*
und ziehen uns erst einmal wieder aus – erst die dicke Jacke,	*pantomimisch die Jacke ausziehen*
dann die Schuhe	*pantomimisch die Schuhe ausziehen*
und schließlich noch Schal und Mütze.	*pantomimisch Schal und Mütze ausziehen*
Dann bringen wir den Schlitten wieder in den Keller.	*mit dem Schlitten auf dem Arm auf der Stelle im Kreis drehen, dabei in die Hocke gehen*
Puh, das war ein anstrengender, aber sehr schöner Tag!	*sich mit der Hand über die Stirn wischen*

Bewegungslandschaft „Bei Eis und Schnee“ (1) (ab 3 Jahren)

Winterruhe der Tiere

Material:
1 Matte, Bierdeckel

Spielmöglichkeiten:
Die Matte auf den Boden und die Bierdeckel danebenlegen.
Es finden sich immer zwei Kinder zusammen. Eines legt sich auf die Matte und darf Winterruhe halten. Das andere Kind hockt sich daneben und bedeckt das liegende Kind nach und nach mit den Bierdeckeln.

Die Meise auf Futtersuche

Material:
1 Hängematte, Sandsäckchen

Spielmöglichkeiten:
Die Hängematte wird aufgehängt, die Sandsäckchen werden als Futterkörner unterhalb der Hängematte auf dem Boden verteilt.
Das Kind legt sich als Meise bäuchlings in die Hängematte. Ein anderes Kind darf ein wenig Schwung geben, während die Meise versucht, mit den Händen ihr Futter vom Boden zu picken und in die Hängematte zu legen.

Das hungrige Eichhörnchen

Material:
Matschtisch, Sand, Nüsse oder Muggelsteine

Spielmöglichkeiten:
Der Matschtisch wird mit Sand gefüllt und die Nüsse bzw. die Muggelsteine darin versteckt.
Die Kinder spielen die Eichhörnchen, die sich im Winter an ihrer Vorratskammer zu schaffen machen.

Der Schneemann

Material:
Straßenmalkreide, Knöpfe

Spielmöglichkeiten:
Mit der Straßenmalkreide wird ein Schneemann auf den Boden gemalt. Im Abstand von etwa 2 m wird noch eine Abstandlinie aufgemalt.
Ein Kind stellt sich an der Linie auf. Ziel ist es, mit gezielten Würfen die Knöpfe in den Schneemann zu befördern. Bei älteren Kindern können für verschiedene „Körperteile“ des Schneemanns auch Punkte vergeben werden. Dazu vorab eine Punktzahl in die Körperteile schreiben.

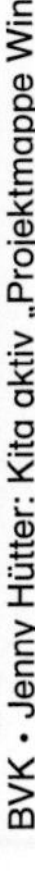

Bewegungslandschaft „Bei Eis und Schnee“ (2) (ab 3 Jahren)

Winterkleidung

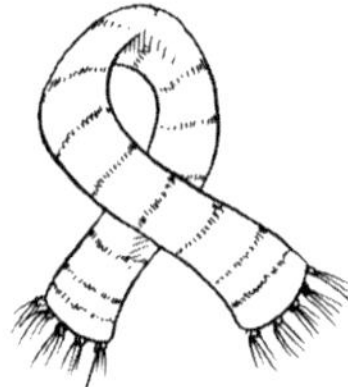

Material:
2 Mützen, 2 Paar Handschuhe, 2 Schals (evtl. zusätzlich, wenn vorhanden,
2 Skihosen, 2 dicke Jacken, 2 große Skisocken)

Spielmöglichkeiten:
Die Kleidung wird auf zwei Stapeln bereitgelegt.
Hier treten jeweils zwei Kinder gegeneinander an. Auf ein vorab vereinbartes Kommando geht es los. Jeder versucht, so schnell wie möglich die Winterkleidung anzuziehen. Wer ist der Schnellste?

Der Schneeturm

Material:
Wattebällchen

Spielmöglichkeiten:
Die Wattebällchen werden im ganzen Raum verteilt.
Jeweils zwei Kinder oder zwei Mannschaften spielen gegeneinander. Jeder versucht, aus den Wattebällchen einen möglichst großen Turm zu bauen. Wenn alle Wattebällchen verbaut worden sind, wird geprüft, wer den größten Turm gebaut hat.

Schneeballschlacht

Material:
Zeitungspapier, Kreppklebeband

Spielmöglichkeiten:
Mit dem Kreppklebeband werden zwei nebeneinanderliegende Felder markiert.
Das Zeitungspapier wird zu Schneebällen zusammengeknüllt und auf den Feldern verteilt.
Jeweils zwei Kinder oder zwei Mannschaften stellen sich je in eines der markierten Felder.
Los geht eine zünftige Schneeballschlacht mit den Zeitungsschneebällen.

Schneeballweitwurf

Material:
Zeitungspapier, Kreppklebeband

Spielmöglichkeiten:
Das Zeitungspapier wird zu zwei Schneebällen zusammengeknüllt. Mit dem Kreppklebeband wird eine Abwurflinie markiert.
Hier spielen zwei Kinder gegeneinander. Sie stellen sich beide an der Linie auf und versuchen, den Zeitungsschneeball so weit wie möglich zu werfen. Wer wirft am weitesten?

Eisbäralarm (ab 2 Jahren)

Material:

–

Spielregeln:

Die Gruppe wird folgendermaßen aufgeteilt: 1 Kind ist der Späher, der die Inuit vor dem Eisbären warnt. Die anderen Kinder teilen sich zur Hälfte in Iglus und Inuit auf. Bei einer ungeraden Gruppenanzahl gibt es einen Inuit mehr als Iglus.

Die Iglu-Kinder verteilen sich im Raum und stellen sich mit gegrätschten Beinen auf. Die Eskimos laufen durch den Raum, während der Späher Ausschau nach möglichen Gefahren hält, wie zum Beispiel dem Eisbären. Wenn der Späher „Achtung, Eisbär!“ ruft, sucht sich jeder Eskimo ein Iglu, in das er sich verkriechen kann. Dies macht er, indem er sich zwischen die gegrätschten Beine eines Iglu-Kindes hockt. Findet einer der Eskimos kein freies Iglu mehr, so ist dieses Kind der neue Späher.
Haben alle Kinder ein Iglu gefunden, so schaut der Späher, welches Kind als Letztes bei einem Iglu angelangt ist. Dieses Kind ist dann der neue Späher.

Der Späher kann auch ein anderes Wort rufen, zum Beispiel: „Achtung, Eis- ... -scholle!“ Wenn sich daraufhin ein Eskimo in ein Iglu flüchtet, so ist dieses Kind der neue Späher, denn die Kinder müssen nur bei einem Eisbären in ein Iglu flüchten.

Nach einiger Zeit werden die Rollen dann gewechselt.

Verirrte Inuit (ab 4 Jahren)

Material:

Augenbinden (für die Hälfte der Gruppe)

Spielregeln:

Die Kindergruppe teilt sich in Inuit und Lotsen auf. Jeder Inuit sucht sich einen Lotsen und vereinbart mit ihm ein Kommando, mit dem der Lotse den Inuit zu sich rufen kann.

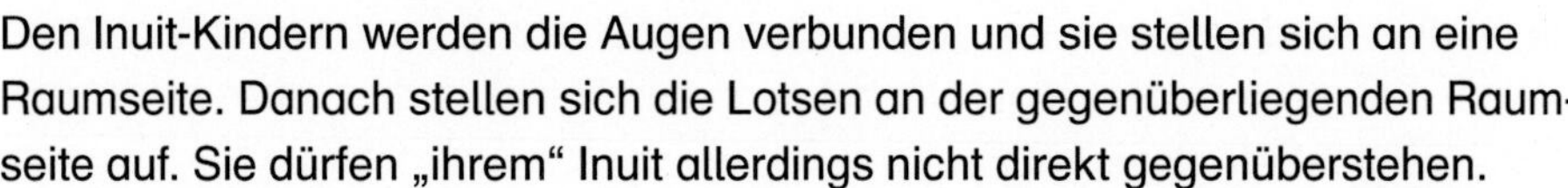

Den Inuit-Kindern werden die Augen verbunden und sie stellen sich an eine Raumseite. Danach stellen sich die Lotsen an der gegenüberliegenden Raumseite auf. Sie dürfen „ihrem“ Inuit allerdings nicht direkt gegenüberstehen.

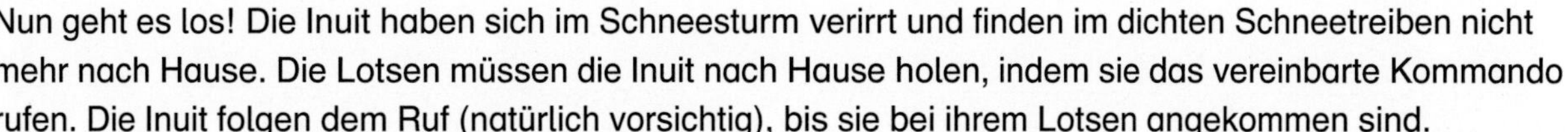

Nun geht es los! Die Inuit haben sich im Schneesturm verirrt und finden im dichten Schneetreiben nicht mehr nach Hause. Die Lotsen müssen die Inuit nach Hause holen, indem sie das vereinbarte Kommando rufen. Die Inuit folgen dem Ruf (natürlich vorsichtig), bis sie bei ihrem Lotsen angekommen sind.

Nach einiger Zeit werden die Rollen getauscht.

Das große Eisschliddern (ab 3 Jahren)

Material:
Eiswürfelbehälter, Wasser, 1 Tiefkühltruhe / Kühlschrank mit Gefrierfach, blaues und rotes Krepppapier, Kreide, 2 Schüsseln

Vorbereitung:
Die Eiswürfelbehälter werden mit Wasser gefüllt. Zusätzlich kommt in jedes Eiswürfelfach ein blaues bzw. ein rotes Stück Krepppapier. Dann werden die Eiswürfelbehälter über Nacht in das Gefrierfach gegeben.

Spielmöglichkeit:
Das Spiel wird draußen gespielt, am besten auf einer Terrasse. Die Kinder werden in zwei Gruppen eingeteilt. Jede Gruppe erhält die gleiche Anzahl an Eiswürfeln und legt diese in eine Schüssel. Eine Gruppe erhält die roten, eine Gruppe die blauen Eiswürfel. Die Gruppen stellen sich nebeneinander auf, wobei alle Kinder aus einer Gruppe jeweils hintereinanderstehen.
Im Abstand von 10–15 m vom Anfang der Gruppen entfernt wird mit der Kreide eine Ziellinie markiert.
Die beiden ersten Spieler beginnen und lassen je einen Eiswürfel losschliddern, so weit wie möglich.
Dann stellen sie sich hinten an ihre Gruppe an und die nächsten beiden Spieler lassen die Eiswürfel schliddern.
Wenn alle Eiswürfel verbraucht sind, wird nachgezählt, welche Gruppe die meisten Eiswürfel hinter die Ziellinie befördern konnte.

Achtung: Die nasse Terrasse kann sehr rutschig werden!

Schneeballbilder (ab 4 Jahren, für 2–4 Spieler)

Material:
1 Außenwand, Schnee, Handtücher

Spielmöglichkeit:
Dieses Spiel wird draußen gespielt. Alle Kinder formen mehrere Schneebälle und legen sie etwa 3 m von der Wand entfernt auf den Boden. Der erste Spieler beginnt und überlegt sich ein einfaches Bild (z. B. einen Kreis).

Dann wirft er einige Schneebälle an die Wand und zwar so, dass dieses Bild entsteht. Die anderen Spieler versuchen, das Bild zu erraten. Wem dies gelingt, der ist als Nächstes an der Reihe. Vorher muss die Wand mit einem Handtuch von den Schneeresten befreit werden.